大方廣佛華嚴經

일러두기

1. 『대방광불화엄경 강설』 원문原文의 저본底本은 근세에 교정이 가장 잘 되었다고 정평이 나 있는 대만臺灣의 불타교육기금회佛陀教育基金會에서 출판한 『화엄경소초華嚴經疏鈔』본입니다.

2. 『대방광불화엄경 강설』은 실차난타實叉難陀가 695년부터 699년까지 4년에 걸쳐 번역해 낸 80권본卷本 『대방광불화엄경』을 우리말로 옮기고 강설을 붙인 것입니다.

3. 『대방광불화엄경』은 애초 산스크리트에서 한역漢譯된 경전이지만 현재 산스크리트본은 소실된 상태입니다. 산스크리트를 음차한 경우 굳이 원래 소리를 표기하려고 하기보다는 『표준국어대사전』이나 『불교사전』 등에 등재된 한자음을 사용하는 것을 원칙으로 하였습니다.

4. 경문의 한글 번역은 동국역경원본을 참고하여 그대로 또는 첨삭을 하며 의미대로 번역하고 다듬었습니다.

5. 각 품마다 내용에 따라 단락을 나누고 제목을 달았습니다. 단락의 제목은 주로 청량清凉스님의 견해에 기초하였고 이통현李通玄장자의 견해를 참고로 하였습니다.

6. 『대방광불화엄경 강설』의 발행 순서는 한역 경전의 편재 순서를 기준으로 하였고 각 권은 단행본 한 권씩으로 출간될 예정이며 모두 80권으로 완간됩니다. 다만 80권본에 빠져 있는 「보현행원품」은 80권본 완역 및 강설 후 시리즈에 포함돼 추가될 예정입니다.

7. 『대방광불화엄경 강설』 안에서 불교용어를 풀이한 것은 운허스님이 저술하고 동국역경원에서 편찬한 『불교사전』을 인용하였습니다.

8. 각주의 청량스님의 소疏는 대만에서 입력한 大方廣佛華嚴經 사이트의 것을 사용하였습니다.

9. 『대방광불화엄경 강설』 입법계품에 들어가는 문수지남도는 북송北宋시대 불국佛國선사가 선재동자가 53명의 선지식을 친견하여 법을 구하는 장면을 하나하나 그림으로 그린 것입니다.

대방광불화엄경 강설
제 4 권

一. 세주묘엄품世主妙嚴品 4

실차난타實叉難陀 한역
무비스님 강설

서문

지地, 수水, 화火, 풍風.

그 무엇인들 신이 아니랴. 그 무엇인들 하나님이 아니랴.

그 무엇인들 보살이 아니랴. 그 무엇인들 부처가 아니랴.

흙 없이 사람이 존재할소냐. 지구가 존재할소냐.

물 없이 사람이 존재할소냐. 지구가 존재할소냐.

불인들, 바람인들, 신 아닌 것이 어디 있으며, 보살이 아닌 것이 어디 있으랴. 사람과 동물과 곡식과 약과 숲과 산과 땅, 낱낱이 그러하여 낱낱이 신이며, 하나님이며, 불보살로 엮여서 돌아가면서 천변만화하는도다.

심지어 아수라, 가루라, 긴나라가, 마후라가, 야차, 나찰에 이르기까지 일체가 그렇게 엮여서 돌아가면서 세상을 아름답게 장엄하였도다.

이것이 세주묘엄世主妙嚴, 작은 세포에서 수억만 광년 저 멀리 있는 별들까지 하나하나가 세상의 주인이 되어 참으로 아름답게 장엄하였도다.

2014년 2월 15일

신라 화엄종찰 금정산 범어사

如天 無比

대방광불화엄경 목차

제1권	1. 세주묘엄품世主妙嚴品 [1]
제2권	1. 세주묘엄품世主妙嚴品 [2]
제3권	1. 세주묘엄품世主妙嚴品 [3]
제4권	**1. 세주묘엄품世主妙嚴品 [4]**
제5권	1. 세주묘엄품世主妙嚴品 [5]
제6권	2. 여래현상품如來現相品
제7권	3. 보현삼매품普賢三昧品
	4. 세계성취품世界成就品
제8권	5. 화장세계품華藏世界品 [1]
제9권	5. 화장세계품華藏世界品 [2]
제10권	5. 화장세계품華藏世界品 [3]
제11권	6. 비로자나품毘盧遮那品
제12권	7. 여래명호품如來名號品
	8. 사성제품四聖諦品
제13권	9. 광명각품光明覺品
	10. 보살문명품菩薩問明品
제14권	11. 정행품淨行品
	12. 현수품賢首品 [1]
제15권	12. 현수품賢首品 [2]
제16권	13. 승수미산정품昇須彌山頂品
	14. 수미정상게찬품須彌頂上偈讚品
	15. 십주품十住品
제17권	16. 범행품梵行品
	17. 초발심공덕품初發心功德品

제18권	18. 명법품明法品
제19권	19. 승야마천궁품昇夜摩天宮品
	20. 야마천궁게찬품夜摩天宮偈讚品
	21. 십행품十行品 [1]
제20권	21. 십행품十行品 [2]
제21권	22. 십무진장품十無盡藏品
제22권	23. 승도솔천궁품昇兜率天宮品
제23권	24. 도솔궁중게찬품兜率宮中偈讚品
	25. 십회향품十廻向品 [1]
제24권	25. 십회향품十廻向品 [2]
제25권	25. 십회향품十廻向品 [3]
제26권	25. 십회향품十廻向品 [4]
제27권	25. 십회향품十廻向品 [5]
제28권	25. 십회향품十廻向品 [6]
제29권	25. 십회향품十廻向品 [7]
제30권	25. 십회향품十廻向品 [8]
제31권	25. 십회향품十廻向品 [9]
제32권	25. 십회향품十廻向品 [10]
제33권	25. 십회향품十廻向品 [11]
제34권	26. 십지품十地品 [1]
제35권	26. 십지품十地品 [2]
제36권	26. 십지품十地品 [3]
제37권	26. 십지품十地品 [4]
제38권	26. 십지품十地品 [5]

제39권	26. 십지품 十地品 [6]		제58권	38. 이세간품 離世間品 [6]
제40권	27. 십정품 十定品 [1]		제59권	38. 이세간품 離世間品 [7]
제41권	27. 십정품 十定品 [2]		제60권	39. 입법계품 入法界品 [1]
제42권	27. 십정품 十定品 [3]		제61권	39. 입법계품 入法界品 [2]
제43권	27. 십정품 十定品 [4]		제62권	39. 입법계품 入法界品 [3]
제44권	28. 십통품 十通品		제63권	39. 입법계품 入法界品 [4]
	29. 십인품 十忍品		제64권	39. 입법계품 入法界品 [5]
제45권	30. 아승지품 阿僧祇品		제65권	39. 입법계품 入法界品 [6]
	31. 여래수량품 如來壽量品		제66권	39. 입법계품 入法界品 [7]
	32. 보살주처품 菩薩住處品		제67권	39. 입법계품 入法界品 [8]
제46권	33. 불부사의법품 佛不思議法品 [1]		제68권	39. 입법계품 入法界品 [9]
제47권	33. 불부사의법품 佛不思議法品 [2]		제69권	39. 입법계품 入法界品 [10]
제48권	34. 여래십신상해품 如來十身相海品		제70권	39. 입법계품 入法界品 [11]
	35. 여래수호광명공덕품 如來隨好光明功德品		제71권	39. 입법계품 入法界品 [12]
			제72권	39. 입법계품 入法界品 [13]
제49권	36. 보현행품 普賢行品		제73권	39. 입법계품 入法界品 [14]
제50권	37. 여래출현품 如來出現品 [1]		제74권	39. 입법계품 入法界品 [15]
제51권	37. 여래출현품 如來出現品 [2]		제75권	39. 입법계품 入法界品 [16]
제52권	37. 여래출현품 如來出現品 [3]		제76권	39. 입법계품 入法界品 [17]
제53권	38. 이세간품 離世間品 [1]		제77권	39. 입법계품 入法界品 [18]
제54권	38. 이세간품 離世間品 [2]		제78권	39. 입법계품 入法界品 [19]
제55권	38. 이세간품 離世間品 [3]		제79권	39. 입법계품 入法界品 [20]
제56권	38. 이세간품 離世間品 [4]		제80권	39. 입법계품 入法界品 [21]
제57권	38. 이세간품 離世間品 [5]		제81권	40. 보현행원품 普賢行願品

目次

대방광불화엄경 강설 제4권

一. 세주묘엄품 世主妙嚴品 4

화엄회상 대중들의 득법得法과 게송 ·············· 12
26. 주화신 대중들의 득법과 게송
   1) 득법 ············· 12
   2) 게송 ············· 19
27. 주수신 대중들의 득법과 게송
   1) 득법 ············· 29
   2) 게송 ············· 37
28. 주해신 대중들의 득법과 게송
   1) 득법 ············· 46
   2) 게송 ············· 54
29. 주하신 대중들의 득법과 게송
   1) 득법 ············· 63
   2) 게송 ············· 71
30. 주가신 대중들의 득법과 게송
   1) 득법 ············· 80
   2) 게송 ············· 88
31. 주약신 대중들의 득법과 게송
   1) 득법 ············· 97
   2) 게송 ············· 104

32. 주림신 대중들의 득법과 게송
   1) 득법 ··· 113
   2) 게송 ··· 121
33. 주산신 대중들의 득법과 게송
   1) 득법 ··· 131
   2) 게송 ··· 139
34. 주지신 대중들의 득법과 게송
   1) 득법 ··· 148
   2) 게송 ··· 156
35. 주성신 대중들의 득법과 게송
   1) 득법 ··· 165
   2) 게송 ··· 172
36. 도량신 대중들의 득법과 게송
   1) 득법 ··· 181
   2) 게송 ··· 190
37. 족행신 대중들의 득법과 게송
   1) 득법 ··· 201
   2) 게송 ··· 209
38. 신중신 대중들의 득법과 게송
   1) 득법 ··· 219
   2) 게송 ··· 226
39. 집금강신 대중들의 득법과 게송
   1) 득법 ··· 236
   2) 게송 ··· 244

대방광불화엄경 강설

제4권

一. 세주묘엄품 4

화엄회상 대중들의
득법得法과 게송

26. 주화신 대중들의 득법과 게송

1) 득법

부차 보광염장주화신 득실제일체세간암
復次普光焰藏主火神은 得悉除一切世間闇

해탈문
解脫門하니라

다시 또 보광염장普光焰藏 주화신은 모든 세간의 어두움을 다 소멸하는 해탈문을 얻었습니다.

주화신主火神이란 불을 맡아서 관리하는 신이다. 또한 이

우주 공간에 있는 따뜻한 기운은 모두가 주화신의 소속이다. 그래서 사람과 우주를 구성하고 있는 네 가지 요소 가운데 하나다. 만약 따뜻한 불의 기운이 없다면 일체 생명은 존재할 수 없다. 그러므로 주화신은 화엄회상의 법을 듣는 청법 대중이면서 세상을 세상답게 훌륭하게 장엄하는 중요한 역할과 함께 곧 신이며, 보살이며, 부처님이다.

또 주화신의 특징 중 하나는 밝은 빛이다. 그래서 세간의 일체 어둠을 모두 소멸한다. 그 빛을 법으로 배대하면 깨달음이라는 지혜의 밝은 빛이어서 중생들의 어리석음이라는 어둠을 모두 깨뜨려 세상과 인생을 환하게 밝히는 역할을 한다.

보집광당주화신 득능식일체중생 제혹
普集光幢主火神은 **得能息一切衆生**의 **諸惑**

표류열뇌고해탈문
漂流熱惱苦解脫門하니라

보집광당普集光幢 주화신은 일체 중생이 여러 가지 미혹으로 뜨거운 고뇌에 표류하는 것을 쉬게 하는 해탈문을 얻었습니다.

주화신이 깨달음에 의한 지혜의 빛이라면 반드시 일체 중생들이 온갖 미혹으로 뜨거운 고뇌에서 표류하는 것을 쉬게 하리라. 깨달음의 지혜가 아니고 무엇이 그 열기를 쉬게 하겠는가.

大光徧照主火神은 得無動福力大悲藏解脫門하니라

대광변조大光徧照 주화신은 흔들리지 않는 복력福力과 큰 자비의 창고인 해탈문을 얻었습니다.

진정한 보살의 정신을 가진 이가 아니면 복력이 다소 있다 하더라도 중간에 퇴보하거나 흔들리고 변하는 경우가 많다. 자비의 마음도 역시 변하거나 흔들리는 일이 많다. 불법을 만나 큰 신심을 일으켰다 하더라도 평생을 변함없이 지속하기는 어렵다. 반성하고 또 반성하며, 단속하고 또 단속하여야 한다.

중묘궁전주화신　　　득관여래신통력　　시현
衆妙宮殿主火神은 **得觀如來神通力**으로 **示現**
무변제해탈문
無邊際解脫門하니라

　　중묘궁전衆妙宮殿 주화신은 여래의 신통력으로 끝없는 데까지 나타냄을 관찰하는 해탈문을 얻었습니다.

　　공적空寂한 본체에서 발현되는 신령스러운 앎[靈知]은 실로 뛰어난 신통력이다. 드넓은 우주 공간에서부터 미세한 세포의 세계에 이르기까지 모두가 하나같이 끝이 없고 가이없고 다함이 없다. 이러한 사실을 마음 여래의 신통력은 다 안다.

　　　무진광계주화신　　득광명조요무변허공계
無盡光髻主火神은 **得光明照耀無邊虛空界**
해탈문
解脫門하니라

　　무진광계無盡光髻 주화신은 광명이 끝없는 허공계에 밝게 비추는 해탈문을 얻었습니다.

마음 광명이 끝없는 허공계에 밝게 비춘다는 사실을 사람 사람이 다 알고 있다. 행주좌와와 어묵동정에 한순간도 쉬지 않는다.

종종염안주화신   득종종복장엄적정광해
種種焰眼主火神은 **得種種福莊嚴寂靜光解**
탈 문
脫門하니라

종종염안種種焰眼 주화신은 갖가지 복으로 장엄한 고요한 광명의 해탈문을 얻었습니다.

갖가지 복으로 장엄한 것이란 눈으로는 볼 줄 알고, 귀로는 들을 줄 알고, 코로는 향기를 맡을 줄 알고, 혀로는 맛을 볼 줄 알고, 몸으로는 감촉을 느낄 줄 아는 것을 말한다. 이러한 복보다 더 위대한 복은 없다. 그래서 신통묘용이라고도 한다.

시방궁전여수미산주화신　득능멸일체세
十方宮殿如須彌山主火神은 **得能滅一切世**
간제취치연고해탈문
間諸趣熾然苦解脫門하니라.

　시방궁전여수미산十方宮殿如須彌山 주화신은 일체 세간 여러 갈래의 치연熾然한 고통을 소멸하는 해탈문을 얻었습니다.

　일체 세간 육취 중생들의 삶은 모두가 치연한 고통의 바다다. 그래서 부처님은 고해라고도 하고 화택이라고도 하였다. 그 모든 고통을 지혜의 광명이 다 소멸한다.

위광자재주화신　득자재개오일체세간해
威光自在主火神은 **得自在開悟一切世間解**
탈문
脫門하니라

　위광자재威光自在 주화신은 온갖 세간을 자재하게 깨우치는 해탈문을 얻었습니다.

一. 세주묘엄품世主妙嚴品 4　17

불교는 깨달음의 종교라고 한다. 순간순간 깨닫고 매일 매일 깨닫고 매년 매년 깨달아야 한다. 언제나 깨달음을 화두로 살아가는 것이 불교적 삶이다.

광조시방주화신   득영파일체우치집착견
光照十方主火神은 **得永破一切愚癡執着見**
해탈문
解脫門하니라

광조시방光照十方 주화신은 온갖 어리석고 집착한 견해를 영원히 깨뜨리는 해탈문을 얻었습니다.

무엇에든지 집착하는 것은 어리석어서 생기는 마음이다. 꿰뚫어 보면 어느 것도 집착할 것은 없다. 왜냐하면 모두가 허망하고 인연으로 되어 있고 본질은 텅 비어 공하기 때문이다.

뇌음전광주화신   득성취일체원력대진후
雷音電光主火神은 **得成就一切願力大震吼**

해 탈 문
解脫門하니라

　뇌음전광雷音電光 주화신은 일체 원력을 다 성취하여 크게 외치는 해탈문을 얻었습니다.

　일체의 원력을 모두 성취하고 나면 그 사실은 세상에 널리 알려진다. 그것이 곧 크게 외치는 일이다. 구태여 목소리를 높여 크게 소리 지를 필요가 없다.

2) 게송

이 시　　보 광 염 장 주 화 신　　승 불 위 력　　　보 관
爾時에 **普光焰藏主火神**이 **承佛威力**하사 **普觀**

일 체 주 화 신 중　　이 설 송 언
一切主火神衆하고 **而說頌言**하사대

　그때에 보광염장普光焰藏 주화신이 부처님의 위신력을 받들어 모든 주화신 대중들을 널리 관찰하고 게송으로 말하였습니다.

여관여래정진력　　　　광대억겁부사의
汝觀如來精進力하라　**廣大億劫不思議**에

위리중생현세간　　　　소유암장개영멸
爲利衆生現世間하사　**所有暗障皆令滅**이로다

그대는 여래의 정진력을 보아라.
광대한 억겁 동안 부사의한데
중생을 이롭게 하려고 세간에 나타나사
모든 어두운 장애를 다 소멸하시네.

여래께서 과거에 수억 겁 동안 정진하시고 보살행을 닦은 것은 억만 번을 설명하여도 오직 한 가지 이유 때문이다. 중생들을 이롭게 하고자 한 것이며, 어떻게 이롭게 하는가 하면 미혹의 어리석음을 소멸해서 스스로 지혜의 빛을 밝히도록 하는 것이다. 스스로 지혜를 개발했을 때 모든 문제가 해결되기 때문이다.

중생우치기제견　　　　번뇌여류급화연
衆生愚癡起諸見하야　**煩惱如流及火燃**이어늘

도사 방편 실멸제　　　　보 집 광 당 어 차 오
導師方便悉滅除하시니　**普集光幢於此悟**로다

중생들의 어리석음이 온갖 소견을 일으켜서
번뇌가 물이 흐르듯 하고 불이 타는 듯하네.
도사導師께서 방편으로 다 소멸하시니
보집광당 주화신이 여기에서 깨달았네.

　중생들의 병통 중에 가장 문제가 되는 것은 견해의 문제이다. 모든 사물과 사건에 대해 견해가 치우쳐 있고, 또 자기 견해에 집착해 있으므로 그로 인하여 발생하는 문제가 한두 가지가 아니다. 아무리 사소한 일이라 하더라도 각자 자신의 견해를 주장하여 펼쳐 놓기 시작하면 어느 누구도 감당할 수 없다. 마치 폭류瀑流가 흐르는 듯하고 사나운 불길이 타오르는 듯하다. 그래서 사건이나 사물의 중도성中道性을 깨달은 부처님께서는 이러한 사실을 불쌍히 여겨 갖가지 방편을 다 동원하여 그 어리석음을 소멸하도록 하셨다.

복덕여공무유진　　　　　구기변제불가득
福德如空無有盡하야　　**求其邊際不可得**이라
차불대비무동력　　　　　광조오입심생희
此佛大悲無動力이시니　**光照悟入心生喜**로다

복덕이 허공 같아 다함없어서
그 끝을 찾으려야 찾을 수 없네.
이것은 부처님의 큰 자비의 흔들림 없는 힘이시니
대광변조 주화신이 깨달아 들어가서 기뻐하였네.

　불교인들은 복덕을 대단히 좋아한다. 복덕에 대해서 한 번 따져 봐야 한다. 석가세존이 살던 시대에는 아무리 복덕이 많다 하더라도 21세기 가난한 사람의 복덕보다 못하다. 심지어 진시황제도 요즘의 가난한 사람의 복덕보다 못하다. 그러나 부처님께서 어찌 그와 같은 세속적 유루복有漏福을 운위했겠는가. 동서고금 남녀노소를 막론하고 모든 사람 모든 생명이 다 가지고 있는 무루복無漏福을 말씀하신 것이다. 이와 같이 볼 줄 알고, 들을 줄 알고, 느낄 줄 아는 진여불성의 활발발活鱍鱍한 작용의 무량복덕을 말씀하신 것이리라.

아 관 여 래 지 소 행   경 어 겁 해 무 변 제
我觀如來之所行컨대   **經於劫海無邊際**라

여 시 시 현 신 통 력   중 묘 궁 신 소 요 지
如是示現神通力이라   **衆妙宮神所了知**로다

내가 여래의 행하심을 보니

끝없는 겁의 바다를 지나는 동안

이와 같이 신통력을 나타내시네.

중묘궁전 주화신이 밝게 알았도다.

사람의 일생 중에는 태어나서 눈을 감을 때까지, 하루 중에는 아침에 잠에서 깨어나면서 저녁에 잠드는 순간까지 길고 긴 시간 동안 6근을 통해서 얼마나 많은 신통을 나타내는가. 이 신통, 이 묘용을 어찌 다 설명할 수 있으랴.

억 겁 수 성 불 가 사   구 기 변 제 막 능 지
億劫修成不可思여   **求其邊際莫能知**라

연 법 실 상 영 환 희   무 진 광 신 소 관 견
演法實相令歡喜케하시니   **無盡光神所觀見**이로다

억겁 동안 닦은 것 헤아리지 못함이여
그 끝을 찾으려야 알 길 없어라.
법의 실상 연설하여 기쁘게 하니
무진광계 주화신이 본 것이로다.

부처님께서 제법실상諸法實相의 이치를 깨달으신 것을 헤아려 보면 하루아침에 이루어진 것이 아니라 오랜 세월 닦아 익힌 것이다. 제법실상이란 무엇인가. 사람의 진정한 본성과 그 가치다. 또한 모든 존재의 중도성이다. 이와 같은 진실한 본성을 깨달아 아는 것은 큰 기쁨이며 삶의 큰 보람이다.

시방소유광대중   일체현견첨앙불
十方所有廣大衆이   **一切現見瞻仰佛**이어늘
적정광명조세간   차묘염신소능요
寂靜光明照世間하시니   **此妙焰神所能了**로다

시방에 있는 광대한 대중이
모두 나타나 부처님을 우러러보거늘

고요한 광명으로 세간을 비추시니
이것은 종종염안[妙焰] 주화신이 안 것이로다.

화엄회상의 광경이 그려지는 내용이다. 시방에 있는 삼라만상과 천지만물이라는 화엄회상의 청법 대중들이 화엄성중으로서 동참하고 있다. 모두가 부처님을 우러러보고 있는데 부처님은 적정한 광명으로 세간을 환하게 비추고 계신다.

모니출현제세간
牟尼出現諸世間하사

좌어일체궁전중
坐於一切宮殿中하야

보우무변광대법
普雨無邊廣大法하시니

차시방신지경계
此十方神之境界로다

석가모니께서 모든 세간에 다 출현하사
일체의 궁전 가운데 앉아 계시네.
끝없고 광대한 법을 널리 비 내리시니
이것은 시방궁전여수미산 주화신의 경계로다.

모든 부처님에게 세 가지 몸이 있다고 한다. 법신과 보신과 화신이다. 그러나 이 세 가지 몸은 한 부처님의 각각 다른 작용을 표현한 말이다. 때로는 그냥 부처님이라 하고, 때로는 여래라 하고, 때로는 법신불이라 하고, 때로는 보신불이라 하고, 때로는 석가모니라 하고, 때로는 화신불이라 하고, 때로는 광명이라 하고, 때로는 가르침이라 하고, 때로는 만유에 변만해 있는 법이라 한다. 만유에 변만해 있다면 어느 장소인들 부처님의 궁전이 아니겠으며, 무엇인들 부처님 법의 비가 아니겠는가.

제불지혜최심심
諸佛智慧最甚深이라

어법자재현세간
於法自在現世間하사

능실천명진실리
能悉闡明眞實理하시니

위광오차심흔경
威光悟此心欣慶이로다

모든 부처님의 지혜가 가장 깊고 깊음이여
법에 자재하여 세간에 나타나사
진실한 이치를 다 밝히시니
위광자재 주화신이 이것을 깨닫고 마음에 기뻐하였네.

불교에서 가장 중요하게 생각하는 것은 깨달음에 의한 지혜다. 부처님의 지혜는 참으로 깊고 깊다. 그 지혜로 법에 자재하게 세상사에 다 나타나서 모든 존재의 진실한 이치를 다 밝히셨다. 모든 존재의 진실한 이치에 밝아야 중생을 제대로 교화할 수 있기 때문이다.

　　　제 견 우 치 위 암 개　　　　중 생 미 혹 상 유 전
　　　諸見愚癡爲闇蓋하야　　　**衆生迷惑常流轉**이어늘
　　　불 위 개 천 묘 법 문　　　　광 조 방 신 능 오 입
　　　佛爲開闡妙法門하시니　　**光照方神能悟入**이로다

어리석은 소견에 덮이어서
중생들이 미혹으로 항상 흘러 다니거늘
부처님이 묘한 법문을 열어 주시니
이것은 광조시방 주화신이 깨달아 들어갔네.

중생들이 미혹으로 흘러 다니는 것은 그 까닭이 어리석은 소견에 덮였기 때문이다. 자신이 무엇인가 잘못되었다는 것을 느끼게 되면 반드시 자신이 어리석었다는 것을 알아야

한다. 어리석지 않으면 잘못될 까닭이 없다. 부처님의 미묘 법문은 그 어리석음을 걷어 내는 일이다.

원문 광대 부 사 의 　　　역 도 수 치 이 청 정
願門廣大不思議라　　**力度修治已淸淨**하사

여 석 원 심 개 출 현 　　　차 진 음 신 지 소 요
如昔願心皆出現하시니　**此震音神之所了**로다

서원의 문은 광대하여 부사의함이라.
힘[力] 바라밀을 닦아서 이미 청정하사
옛적 서원한 마음으로 다 출현하시니
이것은 진음전광 주화신이 안 것이로다.

원願 바라밀과 힘[力] 바라밀을 언급하였다. 대승불교에서 흔히 6바라밀을 보살의 실천 덕목으로 말하지만 화엄경에서는 거기에 네 가지 바라밀을 더한다.

방편方便 바라밀은 중생을 교화하기 위해 다양한 간접적인 수단에 의해 지혜를 인도해 내는 것이다. 원願 바라밀은 세운 서원을 지키고 그것을 실현해 내는 것이다. 력力 바라

밀은 선행을 실천하는 힘과 진위를 판별하는 힘을 기르는 것이다. 지혜智 바라밀은 있는 그대로 모든 진실을 꿰뚫어 보는 지혜를 기르는 것이다.

27. 주수신 대중들의 득법과 게송

1) 득법

부차 보흥운당주수신   득평등이익일체중
復次普興雲幢主水神은 **得平等利益一切衆**

생 자 해 탈 문
生慈解脫門하니라

다시 또 보흥운당普興雲幢 주수신은 모든 중생에게 평등하게 이익을 주는 자비의 해탈문을 얻었습니다.

주수신主水神은 물을 맡아 주관하는 신이다. 물은 두말할 것 없이 생명의 근원이다. 만약 물이 없다면 일체 생명은 존재할 수 없다. 지구가 맨 처음 형성되었을 때는 아무런 생명체가 없었다. 오직 뜨거운 불덩어리뿐이었다. 그 불덩어리가 차츰 식으면서 물이 생기기 시작했고, 다시 물이 고여 오래되니 생명체가 하나씩 생기기 시작하여 오늘의 모습에 이른 것이다.

지금은 지구 면적의 70퍼센트가 물이며 사람의 몸도 70퍼센트가 물로 구성되어 있다. 불교에서는 물을 우리의 몸과 우주를 형성하고 있는 네 가지 요소 중 하나라고 하였다. 텅 비어 있는 것처럼 보이는 공간에도 수분이 얼마나 많은지 모른다. 그렇게 보면 우주는 온통 물 천지다. 그러니 물이 어찌 화엄성중이 아니겠으며, 물이 어찌 신이 아니며, 물이 어찌 보살이 아니며, 물이 어찌 부처님이 아니겠는가.

불법에는 친소가 없다. 친소 관계로써 해결할 문제가 아니다. 만약 친한 사람에게 법을 전해 주고 친하지 않은 사람에게는 법을 전해 주지 않는다면 아마도 세존은 자식인 라홀라나 야소다라나 마하파사파제와 같은 이들에게 가장 먼저 법을 전해 줬을 것이지만 불교에 그런 역사는 없었다. 그래서 일체 중생에게 평등한 자비를 행할 수밖에 없다. 물의 평등성과 법의 평등성을 밝힌 내용이다.

해 조 운 음 주 수 신　　　득 무 변 법 장 엄 해 탈 문
海潮雲音主水神은 **得無邊法莊嚴解脫門**하니라

해조운음海潮雲音 주수신은 끝없는 법으로 장엄한 해탈문을 얻었습니다.

주수신의 이름이 해조운음海潮雲音이다. 부처님의 법문을 해조음이라고도 한다. 중생의 수준과 근기에 맞춰서 설법하는 것이 마치 바다의 조수가 때를 맞춰서 적절하게 드나들며 소리를 내는 것과 같다는 의미다. 바다의 조수가 쉼 없이 드나드는 것은 바다의 아름답고도 끝없는 장엄이다. 상상도 할 수 없는 일이지만 만약 부처님의 설법이 없었더라면 어떠했을까.

묘 색 륜 계 주 수 신　　　득 관 소 응 화　　　방 편 보 섭
妙色輪髻主水神은 **得觀所應化**하야 **方便普攝**
해 탈 문
解脫門하니라

묘색륜계妙色輪髻 주수신은 응당 교화할 이를 관찰하여

방편으로 널리 섭수하는 해탈문을 얻었습니다.

교화할 사람을 잘 관찰하여 그 사람의 근기와 수준에 알맞은 방편을 베풀어서 널리 섭수하는 것은 불교를 펴는 데 반드시 생각해야 할 일이다. 어린아이는 어린아이에게 맞게, 어른은 어른에게 맞게 하는 것이 효과적이다.

善巧漩澓主水神은 得普演諸佛甚深境界解脫門하니라

선교선복善巧漩澓 주수신은 모든 부처님의 매우 깊은 경계를 널리 연설하는 해탈문을 얻었습니다.

사람을 교화하는 데는 수준과 근기를 따라 알맞게 법을 펴는 것도 중요하지만 항상 근기만 생각하다 보면 부처님의 고준한 깨달음의 이치는 전할 길이 없을 수도 있다. 그것은 자신에게나 타인에게나 마찬가지다. 그러므로 깊고 깊은 이치를 이해하려는 노력이 반드시 필요하다.

이구향적주수신 득보현청정대광명해탈문
離垢香積主水神은 **得普現淸淨大光明解脫門**하니라

이구향적離垢香積 주수신은 청정하고 큰 광명을 널리 나타내는 해탈문을 얻었습니다.

부처님의 청정한 대광명이란 이 화엄경이다. 부처님의 광명을 어디서 보며 어디서 찾을 것인가. 반드시 이 화엄경에서 보아야 하고, 이 화엄경에서 부처님의 광명을 찾아야 할 것이다.

복교광음주수신 득청정법계무상무성해탈문
福橋光音主水神은 **得淸淨法界無相無性解脫門**하니라

복교광음福橋光音 주수신은 청정한 법계는 형상도 없고 체성도 없는 해탈문을 얻었습니다.

우주 법계는 곧 현상 세계며 또한 진리의 세계인 청정 법계다. 이 법계의 실상은 형상도 없고 고정불변하는 체성도 없다. 모두가 연기소생緣起所生이기 때문이다.

지 족 자 재 주 수 신　 득 무 진 대 비 해 해 탈 문
知足自在主水神은 **得無盡大悲海解脫門**하나라

지족자재知足自在 주수신은 다함이 없는 큰 자비바다의 해탈문을 얻었습니다.

부처님과 보살의 자비는 바다와 같이 넓고 또 넓다. 그래서 자비바다라고 한다. 불보살의 자비바다가 어찌 그 끝이 있겠는가. 중생의 미혹과 어리석음과 번뇌가 끝이 있으면 불보살의 자비바다도 끝이 있으려니와 중생의 미혹과 어리석음과 번뇌가 끝이 없으므로 불보살의 자비바다도 또한 그 끝이 없다.

정희선음주수신 득어보살중회도량중
淨喜善音主水神은 **得於菩薩衆會道場中**에

위대환희장해탈문
爲大歡喜藏解脫門하니라

　정희선음淨喜善音 주수신은 보살 대중들이 모인 도량에서 큰 환희의 창고가 되는 해탈문을 얻었습니다.

　"보살 대중들이 모인 도량에서 큰 환희의 창고가 된다."라는 말씀은 얼마나 환희로운 말씀인가. 가는 곳마다 이런 사람 저런 사람, 사람 보살들이 모인 모임이다. 만나는 사람마다 환희로움의 법을 전해 줄 수 있는 인연이 된다는 것은 큰 기쁨이리라.

보현위광주수신 득이무애광대복덕력
普現威光主水神은 **得以無礙廣大福德力**으로

보출현해탈문
普出現解脫門하니라

　보현위광普現威光 주수신은 걸림 없고 광대한 복덕의

힘으로 널리 출현하는 해탈문을 얻었습니다.

사람이 세상에 머리를 들고 사는 데 있어서 너무 가난하거나, 너무 못났거나, 너무 무식하거나, 너무 몰상식하거나 해서는 곤란하다. 가능하면 복덕의 힘을 광대하게 지니고 살아야 한다. 잘생기고 건강하고 유식하고 머리도 총명하고 경제력도 넉넉하고 무엇보다 복덕이 많으면 자신이 하고자 하는 일을 하면서 다른 사람에게 베풀기도 하면서 살 수 있다.

후성변해주수신 득관찰일체중생 발기
吼聲徧海主水神은 **得觀察一切衆生**하야 **發起**
여 허 공 조 복 방 편 해 탈 문
如虛空調伏方便解脫門하니라

후성변해吼聲徧海 주수신은 모든 중생을 관찰해서 허공과 같이 조복하는 방편을 일으키는 해탈문을 얻었습니다.

중생을 교화하고 조복하되 교화하고 조복하는 바가 없음을 알아야 한다. 중생은 본래 공하며, 또한 중생은 본래 부처님이기 때문이다. 공한 중생을 교화하고 조복하며, 부처님인 중생을 교화하고 조복하는 것이다. 이것이 허공과 같이 조복하는 방편을 일으키는 것이다.

2) 게송

이시 보홍운당주수신 승불위력 보관
爾時에 **普興雲幢主水神**이 **承佛威力**하사 **普觀**

일체주수신중 이설송언
一切主水神衆하고 **而說頌言**하사대

그때에 보홍운당普興雲幢 주수신이 부처님의 위신력을 받들어 모든 주수신 대중들을 두루 살펴보고 게송으로 말하였습니다.

청정자문찰진수 공생여래일묘상
淸淨慈門刹塵數가 **共生如來一妙相**이어든

일 일 제 상 막 불 연 시 고 견 자 무 염 족
一一諸相莫不然하시니 **是故見者無厭足**이로다

세계의 먼지 수와 같은 청정한 자비의 문이
여래의 아름다운 한 형상을 함께 내는데
낱낱 모양이 모두 다 그러하시니
그러므로 보는 이가 싫어할 줄 모르도다.

 여래의 아름다운 형상 하나를 만드는 데 세계의 먼지 수와 같이 많은 무수한 자비가 모이고 모여서 이뤄진다. 여래는 32상과 80종호를 갖추고 그 외에도 무수히 많은 아름다운 상호를 갖추셨다. 그런데 그 상호 하나하나가 모두 먼지 수와 같이 많은 자비가 모이고 모여서 이루어진 것이다. 그래서 사람들은 부처님 뵙기를 열광하고 또한 아무리 오래오래 친견해도 싫어할 줄 모른다. 사람의 얼굴은 그냥 생기는 것이 아니다. 얼굴 하나하나가 모두 그 사람의 마음 씀씀이에서 유래한다. 젊어서는 지난 과거생의 마음 씀씀이의 표현이요, 장년 이후부터는 금생의 마음 씀씀이의 표현이다. 누구를 원망하고 누구를 탓하랴.

세존 왕석 수행 시　　　　보예 일체 여래 소
世尊往昔修行時에　　**普詣一切如來所**하사

종종 수치 무해 권　　　　여시 방편 운음 입
種種修治無懈倦하시니　**如是方便雲音入**이로다

세존께서 지난 옛적 수행할 때에
모든 여래의 처소에 다 나아가사
갖가지를 다 닦아 게으르지 않으시니
이러한 방편은 해조운음 주수신이 들어갔도다.

부처님의 수행이란 다른 것이 아니다. 모든 사람 모든 생명을 부처님으로 알고 받들어 섬기며 공양 공경하고 존중 찬탄하는 일이다. 받들어 섬기는 것은 한두 가지가 아니다. 갖가지를 다 닦아 게으르지 않아야 한다. 의식주를 기본으로 하여 의료와 교통과 통신 등등 생활과 수행에 필요한 모든 것에 대해서다. 이것이 진정한 불교 수행이다.

불어 일체 시방 중　　　　적연 부동 무래 거
佛於一切十方中에　　**寂然不動無來去**하사대

응화중생실영견　　차시계륜지소지
應化衆生悉令見케하시니 **此是髻輪之所知**로다

부처님이 일체 시방 중에서
고요히 움직이지 않고 오고 감이 없으나
교화 받을 중생들이 다 보게 하시니
이것은 묘색륜계[髻輪] 주수신이 안 것이로다.

부처님은 진리의 몸인 법신이다. 특히 화엄경에서는 법신, 보신, 화신이 하나다. 법신이기 때문에 진리의 가르침이 곧 부처님이다. 법신은 우주에 변만해 있다. 그러므로 오고 감이 있을 수 없다. 오고 감이 없으면서 모든 교화 받을 중생이 다 보게 한다.

여래경계무변량　　일체중생불능요
如來境界無邊量하사　**一切衆生不能了**어늘

묘음연설변시방　　차선선신소행처
妙音演說徧十方하시니　**此善漩神所行處**로다

여래의 경계는 끝도 한량도 없어서

일체 중생이 능히 알 수 없거늘
미묘한 소리로 연설하여 시방에 두루 하시니
이것은 선교선복 주수신이 행한 곳이네.

산천초목과 삼라만상이 여래의 법신이며, 시냇물 흘러가는 소리와 바람 소리와 자동차 굴러가는 소리와 사람들의 떠드는 소리가 모두 여래의 설법 소리인 도리를 미혹한 중생이 어찌 알겠는가.

세존광명무유진　　　　충변법계부사의
世尊光明無有盡하사　**充徧法界不思議**라
설법교화도중생　　　　차정향신소관견
說法敎化度衆生하시니 **此淨香神所觀見**이로다

세존의 광명은 다함이 없어
법계에 가득하여 부사의함이라.
설법하고 교화하여 중생 제도하시니
이것은 이구향적[淨香] 주수신이 관찰하였네.

세존의 광명이란 곧 세존의 설법이다. 그러므로 불교는 곧 세존의 광명이다. 화엄경은 무정설법無情說法까지 다 포함하여 부처님의 설법이라 한다. 그러므로 법계에 충만하여 불가사의하다. 설법하고 교화하여 중생 제도함도 또한 그러하다.

여래청정등허공
如來淸淨等虛空하사

무상무형변시방
無相無形徧十方하사대

이영중회미불견
而令衆會靡不見케하시니

차복광신선관찰
此福光神善觀察이로다

여래는 청정하여 허공 같으사
모양 없고 형체 없이 시방에 두루하여
여러 대중들에게 다 보게 하시니
이것은 복교광음 주수신이 잘 관찰하였네.

여래는 텅 비어 청정하다. 마치 허공과 같다. 그러므로 아무런 형상이 없다. 형상이 없으므로 시방에 두루 하다. 누구나 다 보고 듣는다. 눈에 보이는 이 사실들이며, 귀에 들리는 이 소리들이다.

불 석 수 습 대 비 문
佛昔修習大悲門하사대

기 심 광 변 등 중 생
其心廣徧等衆生일새

시 고 여 운 현 어 세
是故如雲現於世하시니

차 해 탈 문 지 족 요
此解脫門知足了로다

부처님이 옛적에 닦으신 큰 자비의 문
그 마음이 넓어서 중생들과 같네.
그러므로 구름처럼 세상에 나타나시니
이 해탈문은 지족자재 주수신이 알았도다.

부처님의 옛적 수행이란 사람들에게 자비를 베푸는 일이었다. 좌선을 하거나 부처님의 이름을 부르거나 불상 앞에 절을 하거나 진언을 외는 일이라는 말은 어디에도 없다. 자비한 그 마음이 광대하여 중생의 마음과 같도록 하였다. 마치 장마철 구름이 세상을 뒤덮듯 넓게 덮었다.

시 방 소 유 제 국 토
十方所有諸國土에

실 견 여 래 좌 어 좌
悉見如來坐於座하사

낭 연 개 오 대 보 리
朗然開悟大菩提하니

여 시 희 음 지 소 입
如是喜音之所入이로다

시방에 있는 모든 국토에서
여래가 자리에 앉아서
대보리大菩提를 밝게 깨달으심을 다 보니
이러한 것은 정희선음 주수신이 들어간 바로다.

여래께서 부다가야 보리수나무 밑에서 보리를 깨달으시는 순간 시방세계 전역에서 그 모습을 다 보게 된다. 이것은 부처님이 보리를 깨닫는 순간 시방세계 모든 유정 무정이 다 같이 보리를 깨닫는 이치이다. "일인一人이 발진귀원發眞歸元하면 시방허공十方虛空이 실개소운悉皆消殞이라." 하였다. 한 사람이 깨달으면 그 깨달은 사람의 세계에는 모든 것이 다 깨달음의 세계에 있다. 유정 무정이 모두 깨달아 있다는 뜻이다. 마치 꿈속에서는 모든 것이 허망한 꿈속의 것이지만 생시에서는 모든 것이 실재하는 것과 같은 것이다.

여래소행무가애 　　　　　변왕시방일체찰
如來所行無罣礙라　　　**徧往十方一切刹**하사

처처시현대신통 　　　　　보현위광이능오
處處示現大神通하시니　**普現威光已能悟**로다

여래의 행하심은 걸림이 없어

시방의 모든 국토에 다 가시어

곳곳에서 큰 신통을 나타내 보이시니

보현위광 주수신이 이미 능히 깨달았네.

우리들 마음 여래는 가고 오는 데 아무런 걸림이 없다. 걸림이 없으므로 시방세계 어디든지 마음대로 다닐 수 있다. 장소의 제약도 받지 않고 시간의 제약도 받지 않는다.

수습무변방편행 　　　　　등중생계실충만
修習無邊方便行하사　　**等衆生界悉充滿**이라

신통묘용미잠정 　　　　　후성변해사능입
神通妙用靡暫停하시니　**吼聲徧海斯能入**이로다

끝없는 방편행을 닦으사

중생계와 똑같이 충만함이라.
신통과 묘용이 잠깐도 멈추지 않으니
후성변해 주수신이 능히 들어갔도다.

여래가 닦으신 방편 수행은 무량무변하여 중생의 세계에 충만하다. 그 신통묘용은 잠깐도 멈추지 않는다. 마치 세월이 한순간도 멈추지 않고 하루가 가고 한 달이 가고 일년이 가는 것과 같다. 시간과 공간이 그대로 여래의 신통묘용이다.

28. 주해신 대중들의 득법과 게송

1) 득법

부차 출현 보광 주해신　　득 이 등 심　　시 일 체
復次出現寶光主海神은 **得以等心**으로 **施一切**

중 생 복 덕 해　　중 보 장 엄 신 해 탈 문
衆生福德海하야 **衆寶莊嚴身解脫門**하니라

다시 또 출현보광出現寶光 주해신은 평등한 마음으로 모든 중생에게 복덕의 바다를 보시하여 온갖 보배로 몸을 장엄하는 해탈문을 얻었습니다.

주해신主海神이란 바다를 맡아서 주관하는 신이다. 바다는 우리가 사는 지구에서 그 면적이 71%를 차지하고 있다. 사람과 산천초목이 필요로 하는 수분의 대부분이 바다에서 증발한 수분이다. 그러므로 물의 근원은 바다며 생명의 근원은 물이다. 그렇다면 바다는 세상 만물을 살게 하는 근본이 된다. 이와 같은 바다가 어찌 화엄성중이 아니겠는가. 그대로가 신이며 보살이며 부처님이다. 지구와 우주 전체가 그대로 화엄성중이며, 사람의 몸 전체가 그대로 화엄성중이다.

불교에는 무차대회無遮大會라는 행사가 있다. 모든 사람을 차별하여 가리지 않고 평등하게 베푸는 시회施會다. 이러한 모임에는 베풀고자 하는 법이나 음식이나 물질을 넉넉히 쌓아 놓고 조금도 부족함이 없도록 베푼다. 일체 중생에게 복덕의 바다를 보시하는 것이 그와 같다. 복덕의 바다를 보시하면 갖가지 보배로 몸을 장엄하게 된다.

불가괴금강당주해신 득교방편   수호일
不可壞金剛幢主海神은 **得巧方便**으로 **守護一**

체중생선근해탈문
切衆生善根解脫門하니라

　불가괴금강당不可壞金剛幢 주해신은 교묘한 방편으로 일체 중생의 선근善根을 지켜 보호하는 해탈문을 얻었습니다.

　일체 중생에게는 선근이 다 있다. 본래부터 지니고 있는 훌륭한 선근을 널리 보고 깊이 이해하여 그것을 잘 지켜 보호하며 십분 활용하는 것이 인생을 의미 있고 가치 있게 사는 길이다.

부잡진구주해신   득능갈일체중생번뇌해
不雜塵垢主海神은 **得能竭一切衆生煩惱海**

해탈문
解脫門하니라

　부잡진구不雜塵垢 주해신은 일체 중생의 번뇌바다를 다

말려 버리는 해탈문을 얻었습니다.

사홍서원에 '번뇌무진서원단煩惱無盡誓願斷'이 있다. 번뇌가 본래 없는 것이지만 본래 없는 번뇌를 맹세코 다 끊기를 서원한다. 번뇌가 곧 보리지만 보리인 번뇌를 맹세코 다 끊기를 서원한다.

항주파랑주해신 　　득영일체중생　　이악도
恒住波浪主海神은 **得令一切衆生**으로 **離惡道**
해 탈 문
解脫門하니라

항주파랑恒住波浪 주해신은 일체 중생에게 악도惡道를 떠나게 하는 해탈문을 얻었습니다.

바다의 기능 중에는 불숙사시不宿死屍라고 하여 죽은 시체를 머물게 하지 않는 것이 있다. 시체뿐만 아니라 일체 오물이나 쓰레기나 파선했을 때 생긴 온갖 물건들을 바다에 그냥 두지 않고 모두 밖으로 밀어낸다. 일체 중생에게 악도를 떠나게 하는 것은 그와 같은 의미다.

길 상 보 월 주 해 신   득 보 멸 대 치 암 해 탈 문
吉祥寶月主海神은 **得普滅大癡闇解脫門**하니라

길상보월吉祥寶月 주해신은 큰 어리석음을 소멸하는 해탈문을 얻었습니다.

길상보월吉祥寶月, 이 얼마나 아름다운 이름인가. 청명한 가을 날 잔잔한 바다, 밤은 깊은데 보름달이 휘영청 밝아 눈이 부시다. 그 달이 바다에 떨어져서 하늘의 달인가 바다의 달인가 알 수 없어라. 이와 같이 달이 밝으면 비록 밤이라 하더라도 일체 어둠은 다 사라진 대낮과 같으리라.

묘 화 용 계 주 해 신   득 멸 일 체 제 취 고   여 안
妙華龍髻主海神은 **得滅一切諸趣苦**하야 **與安**
락 해 탈 문
樂解脫門하니라

묘화용계妙華龍髻 주해신은 일체 모든 갈래의 고통을 소멸해서 안락을 주는 해탈문을 얻었습니다.

부처님이 중생들의 고통을 소멸하게 하는 데는 지옥이든 아귀든 축생이든 가리지 않는다. 어떤 부류의 중생들이라도 고통을 모두 소멸하게 하여 안락을 주신다. 사람들을 가르치고 교화할 때 분별하고 차별하는 것은 부처님의 뜻이 아니다.

보지광미주해신 득정치일체중생 제견
普持光味主海神은 **得淨治一切衆生**의 **諸見**

우치성해탈문
愚癡性解脫門하니라

보지광미普持光味 주해신은 일체 중생의 여러 가지 소견과 우치한 성품을 맑게 다스리는 해탈문을 얻었습니다.

많은 사람들을 만나다 보면 사람마다 그 소견이 가지가지라는 것을 알게 된다. 특히 요즘에는 신문이나 텔레비전을 통해서 많은 사람들의 생각이 너무나 다르다는 것을 듣게 된다. 서로가 다른 점은 이해하지만 그 생각이 우치한 데서 온 것이라면 그것은 반드시 다스리고 고쳐서 바른 생각을 가지도록 해야 할 것이다.

보 염 화 광 주 해 신   득 출 생 일 체 보 종 성 보 리
寶焰華光主海神은 **得出生一切寶種性菩提**
심 해 탈 문
心解脫門하니라

보염화광寶焰華光 주해신은 온갖 보배종자의 성품인 보리심을 출생하는 해탈문을 얻었습니다.

일체 보배종자의 성품이 무엇이겠는가. 그것은 보리심이다. 보리심은 깨달음의 지혜며, 그 지혜에서 나온 자비심이다. 사람으로 태어나서 불법을 만났다면 최상승의 가르침인 화엄경을 깊이 공부하여 지혜와 자비를 길러야 하리라. 불법을 만나 화엄경을 공부하지 못한다면 사람으로 태어난 보람과 불법을 만난 의미가 무엇이겠는가.

금강묘계주해신   득부동심공덕해해탈문
金剛妙髻主海神은 **得不動心功德海解脫門**
하니라

금강묘계金剛妙髻 주해신은 마음이 동요하지 않는 공덕 바다의 해탈문을 얻었습니다.

변함없고 움직이지 않는 마음은 실로 큰 공덕의 바다다. 공부를 하거나 봉사를 하는 아름다운 마음을 한번 내어 변하지 않고 꾸준히 지속해 나간다면 그 공덕이 얼마나 많겠는가.

해조뇌음주해신   득보입법계삼매문해탈
海潮雷音主海神은 **得普入法界三昧門解脫**
문
門하니라

해조뇌음海潮雷音 주해신은 법계의 삼매문三昧門에 널리 들어가는 해탈문을 얻었습니다.

깨달음을 성취한 부처님에게는 온 법계가 그대로 삼매

다. 어떤 장소나 어떤 시간이 정해져 있는 것이 아니다. 또한 모든 삶이 그대로 삼매다. 행주좌와 어묵동정이 모두가 삼매다. 그래서 법계의 삼매문에 들어간다고 한 것이다.

2) 게송

爾時에 出現寶光主海神이 承佛威力하사 普觀一切主海神衆하고 而說頌言하사대

그때에 출현보광出現寶光 주해신이 부처님의 위신력을 받들어 모든 주해신 대중을 널리 살피고 게송으로 말하였습니다.

不可思議大劫海에　　供養一切諸如來하사
普以功德施群生이실새　是故端嚴最無比로다

불가사의한 대겁大劫 동안
일체 모든 여래에게 공양하사
그 공덕을 중생들에게 널리 베풀었으니
그러므로 단정하고 엄숙함이 비길 데 없네.

    부처님의 모습은 이 세상에서 가장 아름답고 엄숙하고 단정하여 무어라고 말로는 표현할 수 없는 미묘한 상호다. 불상을 조성할 때나 그림을 그릴 때도 작가가 가진 재능을 총동원하여 있는 정성을 다 기울인다. 그래서 석굴암 불상은 그토록 아름답다. 부처님의 모습이 그토록 아름답고 장엄한 것은 과기 오랜 세월 동안 모든 사람과 모든 생명들을 부처님으로 받들어 섬기며 공양 공경하고 예배 찬탄하였기 때문이다. 다시 그 공덕을 일체 중생에게 널리 베풀었기 때문이다. 이와 같이 그 사람의 얼굴은 그 사람 자신이 만든다.

일 체 세 간 개 출 현   중 생 근 욕 미 부 지
一切世間皆出現하시니   衆生根欲靡不知하사

보 위 홍 선 대 법 해 　　　차 시 견 당 소 흔 오
普爲弘宣大法海하시니　**此是堅幢所欣悟**로다

여러 세간에 다 출현하여

중생의 근기와 욕망을 모두 다 알고

그를 위해 큰 법해法海를 크게 베푸시니

이것은 불가괴금강당[堅幢] 주해신이 깨달은 바로다.

부처님께서 세상에 오셔서 중생의 근기와 욕망에 따라 알맞은 법을 설하시어 교화하셨다. 이것은 부처님 일생의 사업이며 불교의 근본 목적이다.

일 체 세 간 중 도 사 　　　법 운 대 우 불 가 측
一切世間衆導師의　**法雲大雨不可測**이라

소 갈 무 궁 제 고 해 　　　차 이 구 진 입 법 문
消竭無窮諸苦海하시니　**此離垢塵入法門**이로다

모든 세간 온갖 도사導師들의

법의 구름 큰 비를 측량 못함이라.

무궁한 고통바다를 소멸하시니

부잡진구[離垢塵] 주해신이 이 문에 들어갔네.

　석가모니 부처님을 위시하여 불교의 오랜 역사에서 나타난 성현들은 무수히 많다. 그 많은 분들도 모두 가르침을 펼쳤다. 혹은 부처님의 경전을 부연 설명하기도 하고 혹은 스스로의 견해를 정리하여 창작하기도 하였다. 경과 율과 논과 소초와 선불교의 선장禪藏들까지 실로 바다와 같아서 측량할 길이 없다. 이 모든 가르침은 일체가 중생들의 고통을 소멸하기 위한 단 하나의 목적이다.

일체중생번뇌부
一切衆生煩惱覆하야

유전제취수중고
流轉諸趣受衆苦어늘

위기개시여래경
爲其開示如來境하시니

보수궁신입차문
普水宮神入此門이로다

일체 중생들이 번뇌에 덮여서
여러 갈래에 흘러 다니며 온갖 고통을 받거늘
그들을 위해 여래의 경계를 열어 보이시니
항주파랑[普水宮] 주해신이 이 문에 들어갔네.

사람의 얼굴을 하고도 지옥처럼 살고 아귀처럼 살고 축생처럼 살고 아수라처럼 살게 되는 것은 어리석음 때문이며 번뇌 때문이다. 부처님은 그와 같은 사람들에게 경전의 가르침을 통해서 여래 지혜의 경계를 열어 보인다.

불 어 난 사 겁 해 중
佛於難思劫海中에

수 행 제 행 무 유 진
修行諸行無有盡하사

영 절 중 생 치 혹 망
永絶衆生癡惑網하시니

보 월 어 차 능 명 입
寶月於此能明入이로다

부처님이 헤아리기 어려운 겁 동안에
여러 행을 닦아서 끝이 없으사
중생들의 어리석음의 그물을 영원히 끊으시니
길상보월 주해신이 여기에 밝게 들어갔네.

부처님이 오랜 겁을 통해서 온갖 수행을 하신 것은 중생들의 어리석음과 미혹의 그물을 끊기 위함이었다. 그러므로 불교는 오로지 중생들의 어리석음을 제거하고 지혜의 빛을 밝혀 주기 위한 것이다.

불견중생상공포　　　　유전생사대해중
佛見衆生常恐怖하야　**流轉生死大海中**하시고

시피여래무상도　　　　용계오해생흔열
示彼如來無上道하시니　**龍髻悟解生欣悅**이로다

부처님은 중생들이 늘 공포 속에서
생사의 큰 바다에서 흘러 다니는 것을 보시고
그들에게 여래의 무상도를 보이시니
묘화용계 주해신이 깨닫고 즐거워하네.

사람들이 세상을 살아가면서 여러 가지 문제로 고통을 받는데 그 가운데서 가장 극단적이며 최후의 고통이라고 할 수 있는 것은 생사의 문제다. 그래서 불교의 목적을 흔히 생사해탈이라고 하는 것이다. 죽음이 닥쳐오면 어떤 두려움보다도 더욱 두렵다.

제불경계부사의　　　　법계허공평등상
諸佛境界不思議어　**法界虛空平等相**으로

능 정 중 생 치 혹 망　　여 시 지 미 능 선 설
能淨衆生癡惑網하시니　**如是持味能宣說**이로다

모든 부처님의 경계 부사의함이여
법계와 허공계와 평등한 모양일세.
중생들의 어리석음과 미혹의 그물을 깨끗이 하시니
이러한 것은 보지광미 주해신이 연설하셨네.

진리를 깨달으신 부처님의 경계는 얼마나 클까. 법계와 같고 허공계와 같이 불가사의하다. 그 모든 경계는 모두 중생들의 어리석음을 소멸하기 위함이다.

불 안 청 정 부 사 의　　일 체 경 계 실 해 람
佛眼淸淨不思議여　　**一切境界悉該覽**하사
보 시 중 생 제 묘 도　　차 시 화 광 심 소 오
普示衆生諸妙道하시니　**此是華光心所悟**로다

부처님의 눈 청정하고 부사의함이여
모든 경계를 빠짐없이 다 살피셔서
중생들에게 온갖 묘도妙道를 널리 보이시니

이것은 보염화광 주해신이 마음에 깨달았네.

부처님의 눈은 대단히 뛰어나서 오안五眼이 있다. 불안佛眼, 법안法眼, 혜안慧眼, 천안天眼, 육안肉眼이다. 유형이나 무형이나 물질이나 정신이나 마음이나 깨달음의 세계나 미혹의 세계나 모두 빠짐없이 살펴서 다 안다. 그러한 능력으로 세상과 인생의 참다운 이치인 미묘한 길을 널리 다 보이신다.

마 군 광 대 무 앙 수
魔軍廣大無央數를

일 찰 나 중 실 최 멸
一刹那中悉摧滅하사대

심 무 경 동 난 측 량
心無傾動難測量이어

금 강 묘 계 지 방 편
金剛妙髻之方便이로다

마귀의 군대 광대하여 셀 수 없으나
한 찰나에 모두 다 깨뜨림이라.
마음이 움직이지 않음을 측량 못하니
금강묘계 주해신의 방편이로다.

마귀란 불교에서는 마장魔障이라 한다. 마장은 자신의 마음 안에서 생긴 것도 있고 밖으로부터 생긴 것도 있다. 그러나 냉정하게 생각해 보면 그 근본은 모두 자신의 마음에서 생긴다고 볼 수 있다. 한 찰나에 다 소멸할 수 있는 것은 마음의 장애이기 때문에 가능하다.

보어시방연묘음
普於十方演妙音하사
기음법계미부주
其音法界靡不周하시니
여시여래삼매경
如是如來三昧境을
해조음신소행처
海潮音神所行處로다

시방에 널리 묘음妙音을 연설하사
그 소리 법계에 두루 하나니
이와 같은 여래의 삼매 경계를
해조뇌음 주해신이 행한 곳일세.

여래의 삼매 경계란 곧 여래의 설법이며 여래의 가르침이다. 오늘날 불교가 동서양에 모두 널리 퍼져 있는 것은 여래 삼매 경계의 힘이다.

29. 주하신 대중들의 득법과 게송

1) 득법

부차보발신류주하신 득보우무변법우해
復次普發迅流主河神은 **得普雨無邊法雨解**
탈문
脫門하니라

다시 또 보발신류普發迅流 주하신은 그지없는 법의 비를 널리 쏟는 해탈문을 얻었습니다.

주하신主河神은 하천을 맡아서 관장하는 신이다. 하河는 실개천에서부터 하천河川과 강하江河를 다 이르는 말이다. 저 넓고 넓은 태평양 바다도 그 물은 실개천에서 시작하여 내[川]가 되었다가 강물이 되고 강물이 흘러 바다가 된 것이다. 그 근본부터 생각해 보면 모든 물의 근원이라고 할 수 있다. 그렇다면 모든 생명의 근원이기도 하다. 냇물을 끌어들여 논밭의 곡식을 가꾸고, 댐을 만들어 전기를 만들고, 수도를 놓아 가정으로 들어오게 한다. 사람이 살아가는 것은 알고 보면 모두가 하천의 덕택이다. 하천의 용도와 기능을 살펴보면 그 끝이 없다. 이 어찌 화엄성중의 주인이 아니겠는가. 하천 그대로가 신이며 보살이며 부처님이다.

첫 번째 이름이 보발신류普發迅流라고 하였다. 비가 많이 내린 날 경사진 개울물이 소리를 내며 빠르게 흘러가는 광경이 선하게 떠오르는 이름이다. 법의 비를 널리 쏟는다고 하였으니 풍성한 개울물을 보고 법의 물이 흐르고 흘러 사람 사람의 가슴에 젖어드는 것을 깨우치는 가르침이다.

보 결 천 간 주 하 신　　　득 보 현 일 체 중 생 전　　　영
普潔泉澗主河神은 **得普現一切衆生前**하야 **令**
영 리 번 뇌 해 탈 문
永離煩惱解脫門하니라

보결천간普潔泉澗 주하신은 모든 중생 앞에 두루 나타나서 번뇌를 영원히 여의게 하는 해탈문을 얻었습니다.

보살은 언제나 중생들 앞에 널리 나타나서 법을 설하여 번뇌를 여의게 하는 것이 세세생생 하는 일이다. 깊은 산속 옹달샘에서 물이 흘러 시내가 되고 맑게 흘러 큰 강물을 이

루듯 부처님이 설하시는 진리의 가르침이 그렇게 세상을 적셔야 하리라.

離塵淨眼主河神은 **得以大悲方便**으로 **普滌一切衆生**의 **諸惑塵垢解脫門**하니라

이진정안離塵淨眼 주하신은 큰 자비 방편으로 일체 중생의 모든 미혹과 번뇌의 때를 널리 씻어 버리는 해탈문을 얻었습니다.

불교의 자비 방편이란 중생들의 의식주를 도와주며, 나아가서 모든 미혹과 번뇌의 때를 깨끗이 씻어 주는 일이다.

十方徧吼主河神은 **得恒出饒益衆生音解脫門**하니라

시방변후十方偏吼 주하신은 항상 중생을 이익하게 하는 소리를 내는 해탈문을 얻었습니다.

시방변후十方偏吼라는 이름은 장마에 하천의 물이 불어나서 우렁찬 소리를 내며 흐를 때 옆 사람의 소리마저 들을 수 없는 상황을 그린 것이다. 고운孤雲 최치원崔致遠 선생의 '제가야산독서당題伽倻山讀書堂'이라는 시에서 "첩첩한 돌 사이 미친 듯이 내뿜어 겹겹이 둘러싼 봉우리를 울리니/ 사람의 말소리를 가까운 거리에서도 분간하기 어렵구나/ 옳고 그름을 가리는 소리 귀에 들릴까 항상 두려워/ 짐짓 흐르는 물을 시켜서 모든 산을 둘러싸게 했네."[1]라고 하였다.

보 구 호 중 생 주 하 신　　득 어 일 체 함 식 중　　항
普救護眾生主河神은 得於一切含識中에 恒

---

1) 題伽倻山讀書堂 狂噴疊石吼重巒 人語難分咫尺間 常恐是非聲到耳 故敎流水盡籠山.

기 무 뇌 해 자 해 탈 문
起無惱害慈解脫門하나니라

보구호중생普救護衆生 주하신은 모든 중생들[含識]에게 괴로움의 피해가 없는 자비를 항상 일으키는 해탈문을 얻었습니다.

중생들은 언제나 번뇌가 많고 괴로움이 많아서 하루도 성할 날이 없다. 보살은 이러한 사실을 알아서 그들을 자비로써 건진다.

무 열 정 광 주 하 신   득 보 시 일 체 청 량 선 근 해
無熱淨光主河神은 **得普示一切淸凉善根解**
탈 문
脫門하나니라

무열정광無熱淨光 주하신은 온갖 청량한 선근을 널리 보이는 해탈문을 얻었습니다.

선한 일 중에도 사람들에게 청량하게 느껴지고 시원하게

느껴지고 속이 후련하게 느껴지는 그런 선행이 있다. 주하신의 이름이 '뜨거운 열기가 없는 청정한 빛'이라고 하였다.

<small>보생환희주하신   득수행구족시   영일체</small>
普生歡喜主河神은 **得修行具足施**하야 **令一切**
<small>중생   영리간착해탈문</small>
衆生으로 **永離慳着解脫門**하니라

보생환희普生歡喜 주하신은 구족한 보시를 닦아서 모든 중생들에게 아끼고 집착하는 것을 영원히 떠나게 하는 해탈문을 얻었습니다.

구족한 보시[具足施]라 한 것은, 보시를 하더라도 어딘가 부족하게 느껴지는 보시가 있을 수 있기 때문이다. 예를 들면 손님을 접대하는 데는 음식도 마련하고, 다담도 마련하고, 들을 거리와 볼거리도 준비하고, 돌아갈 때는 선물과 여비도 반드시 준비해야 한다. 이것이 구족한 보시다. 보시를 하려고 생각했다면 아끼지 말고 집착도 하지 말아야 한다.

광 덕 승 당 주 하 신　　　 득 작 일 체 환 희 복 전 해 탈
廣德勝幢主河神은 **得作一切歡喜福田解脫**

문
門하니라

　광덕승당廣德勝幢 주하신은 모두가 기뻐하는 복전福田을 짓는 해탈문을 얻었습니다.

　사람들은 복 받기를 대단히 좋아한다. 복은 받기 전에 먼저 지어야 받을 수 있다. 모두가 기뻐하는 복전이 무엇일까를 생각해서 지어야 할 것이다.

광 조 보 세 주 하 신　　　 득 능 영 일 체 중 생　　 잡 염
光照普世主河神은 **得能令一切衆生**으로 **雜染**

자　 청 정　　 진 독 자　 환 희 해 탈 문
者가 **淸淨**하며 **瞋毒者**가 **歡喜解脫門**하니라

　광조보세光照普世 주하신은 모든 중생들로 하여금 더러움에 물든 이는 청정하게 하고, 성내어 독을 품은 이에게는 기쁘게 하는 해탈문을 얻었습니다.

불교의 가르침은 탐·진·치·질투·아만 등 오독五毒의 더러움에 물든 것을 깨끗이 소멸하여 청정하게 하는 데 있다. 특히 분노의 독기는 자신에게도 해로우며 다른 사람에게도 크게 해를 끼친다. 분노를 다른 사람에게 표현하는 것은 마치 피를 한입 물고 남을 향해 뿜어 내는 것과 같다고 하였다. 이는 뿜어 내는 피가 다른 사람에게 닿기 전에 이미 자신의 입 속에 더러운 피가 한입 가득 들어 있기 때문이다. 분노란 얼마나 끔찍한가.

해 덕 광 명 주 하 신　　 득 능 영 일 체 중 생　　 입 해
海德光明主河神은 **得能令一切衆生**으로 **入解**
탈 해　　 항 수 구 족 락 해 탈 문
脫海하야 **恒受具足樂解脫門**하니라

해덕광명海德光明 주하신은 모든 중생들에게 해탈의 바다에 들어가서 항상 구족한 즐거움을 받게 하는 해탈문을 얻었습니다.

완전한 즐거움을 구족한 즐거움이라 한다. 구족한 즐거

움은 사람들이 필요로 하는 것을 하나하나 갖추어서 모든 조건들이 충족된 뒤에 이루어지는 것이 아니다. 모든 것으로부터 다 벗어나는 해탈을 해야 완전한 즐거움이 성취된다. 해탈은 사소한 작은 해탈에서부터 생사 해탈에까지 이르므로 평소 사소한 문제에서 해탈하는 습관을 길러야 한다.

2) 게송

이시 보발신류주하신 승불위력 보관
爾時에 **普發迅流主河神**이 **承佛威力**하사 **普觀**

일체주하신중 이설송언
一切主河神衆하고 **而說頌言**하사대

그때에 보발신류普發迅流 주하신이 부처님의 위신력을 받들어 모든 주하신 대중들을 널리 살펴보고 게송으로 말하였습니다.

여래왕석위중생 수치법해무변행
如來往昔爲衆生하사 **修治法海無邊行**하시니

비여패택청염서   보멸중생번뇌열
譬如霈澤淸炎暑하야   **普滅衆生煩惱熱**이로다

여래가 옛적에 중생을 위하여

법의 바다 가없는 행을 닦으시니

소나기가 무더위를 서늘하게 하듯이

중생의 번뇌 열기를 소멸하시네.

불법은 바다처럼 넓어 가없는 수행을 해야 한다. 여래께서는 옛적부터 중생을 위해 그와 같은 수행을 다 하시고 법을 설하여 중생들 번뇌의 열기를 마치 여름날 소나기가 무더위를 식히듯이 하셨다.

불석난선무량겁   이원광명정세간
佛昔難宣無量劫에   **以願光明淨世間**하사

제근숙자영오도   차보결신심소오
諸根熟者令悟道케하시니   **此普潔神心所悟**로다

부처님이 옛적 말할 수 없는 무량한 겁 동안

서원의 광명으로 세간을 청정하게 하사

모든 근根이 성숙한 이는 도를 깨닫게 하시니
이것은 보결천간 주하신이 마음에 깨달은 바로다.

　서원은 사람이 살아가는 데 있어서 큰 빛이다. 서원은 인생의 꿈이며 희망이며 기대감이다. 사람은 꿈과 희망으로 살아간다. 부처님은 예로부터 이러한 서원으로 온 세상을 청정하게 하였다. 근기가 미숙한 사람은 성숙하게 하시고 성숙한 사람은 도를 깨닫게 하셨다.

대 비 방 편 등 중 생
大悲方便等衆生이여

실 현 기 전 상 화 유
悉現其前常化誘하사

보 사 정 치 번 뇌 구
普使淨治煩惱垢케하시니

정 안 견 차 심 환 열
淨眼見此深歡悅이로다

큰 자비 방편을 중생과 같게 하여
그들 앞에 나타나서 항상 교화하사
번뇌의 때를 널리 깨끗하게 하시니
이진정안 주하신이 이것을 보고 깊이 즐거워하네.

자비 방편을 사용하려면 중생들의 근기에 알맞게 활용하여야 한다. 그리고 중생들 번뇌의 때를 깨끗하게 씻어주는 역할을 해야 한다. 이것이 불교가 세상에 대하여 할 일이다.

불연묘음보사문   중생애락심환희
佛演妙音普使聞하사   **衆生愛樂心歡喜**어늘

실사척제무량고   차변후신지해탈
悉使滌除無量苦케하시니   **此徧吼神之解脫**이로다

부처님이 묘음妙音을 연설하여 널리 듣게 하사
중생들이 사랑하고 즐겨하며 마음이 기쁘거늘
한량없는 고통을 다 씻게 하시니
이것은 시방변후 주하신의 해탈이로다.

부처님의 묘음이란 진리의 가르침이다. 물론 음성도 아름답고 부드럽지만 그 말씀의 뜻이 모두 이치에 맞고 사람의 맺힌 마음을 풀어 줘야 비로소 미묘한 아름다운 소리다.

불석수습보리행　　　위리중생무량겁
佛昔修習菩提行하사　**爲利衆生無量劫**이라

시고광명변세간　　　호신억념생환희
是故光明徧世間하시니　**護神憶念生歡喜**로다

부처님이 옛적에 보리행을 닦으사
한량없는 겁 동안 중생을 이익케 함이라.
그러므로 광명이 세간에 두루 하시니
보구호중생 주하신이 기억하고 기뻐하도다.

부처님이 지난 날 하신 일은 천 번 만 번을 다시 드러내도 역시 보리행이며, 무엇으로 하든지 중생의 이익을 위한 일이다. 이것이 불교이기 때문이다. 그것이 곧 세상에 큰 빛이 된다. 이것은 부처님의 일이며 불교가 해야 할 일이기도 하다.

불석수행위중생　　　종종방편영성숙
佛昔修行爲衆生하사　**種種方便令成熟**하야

보정복해제중고　　　무열견차심흔경
普淨福海除衆苦하시니　**無熱見此心欣慶**이로다

부처님의 옛적 수행 중생 위하사
갖가지 방편으로 성숙케 하여
깨끗한 복의 바다로 온갖 고통 없애시니
무열정광 주하신이 이것을 보고 마음에 기뻐하였네.

유루복有漏福이든 무루복無漏福이든 사바세계에는 우선 복이 있어야 한다. 그러나 복에는 청정한 청복淸福이 있고, 흐리고 혼탁한 탁복濁福이 있다. 세상과 인생의 이치를 알고 고통의 원인을 알아 고통의 근본을 제거하려면 청복인 진리를 깨달아야 한다.

시 문 광 대 무 궁 진　　　　　일 체 중 생 함 이 익
施門廣大無窮盡이여　　　　**一切衆生咸利益**하사

능 영 견 자 무 간 착　　　　　차 보 희 신 지 소 오
能令見者無慳着케하시니　　**此普喜神之所悟**로다

보시문布施門이 크고 넓어 무궁무진함이여
일체 중생들이 다 이익을 얻어
보는 이는 누구나 간탐과 집착이 없게 하시니

이것은 보생환희 주하신이 깨달은 바로다.

보시를 하는 것은 첫째, 상대를 위해서 하는 것이고, 다음은 자기 자신의 복을 닦고 간탐과 집착을 없애려는 것이다. 무엇보다 보시를 하고 나면 자신이 먼저 환희하게 된다.

불 석 수 행 실 방 편
佛昔修行實方便하사

성 취 무 변 공 덕 해
成就無邊功德海하야

능 영 견 자 미 불 흔
能令見者靡不欣케하시니

차 승 당 신 심 오 열
此勝幢神心悟悅이로다

부처님이 옛적에 참된 방편 닦으사
그지없는 공덕바다를 성취하시고
보는 이는 누구나 기쁘게 하시니
이것은 광덕승당 주하신이 깨닫고 기뻐했네.

부처님은, 그것이 설사 조각하고 그려 놓은 형상이라 하더라도 보는 이는 다 존경하고 예배하며 환희심을 느낀다. 왜냐하면 오랜 세월 진실한 방편으로 무량무변한 공덕의 바다를 닦았기 때문이다.

중생유구함정치　　　　일체원해등생자
衆生有垢咸淨治하시며　**一切怨害等生慈**라

고득광조만허공　　　　보세하신견환희
故得光照滿虛空하시니　**普世河神見歡喜**로다

중생에게 있는 때를 다 깨끗하게 하며
모든 원수나 해친 이에게 평등하게 자비를 냄이라.
그러므로 광명이 허공에 가득하시니
광조보세 주하신이 보고 환희하도다.

　자기에게 잘 대해 주는 사람에게 잘 대해 주기는 쉽다. 그것은 누구나 할 수 있는 일이다. 그러나 자기를 해친 사람이나 손해를 끼친 사람이나 깊은 원한 관계에 있는 사람에게 친한 사람과 똑같이 자비를 베풀기는 어렵다. 부처님은 이러한 수행을 다 마친 분이시다. 그러므로 그 광명이 허공에 가득하다.

| 불시복전공덕해 | 능영일체이제악 |
| **佛是福田功德海**라 | **能令一切離諸惡**하며 |

| 내지성취대보리 | 차해광신지해탈 |
| **乃至成就大菩提**케하시니 | **此海光神之解脫**이로다 |

부처님은 복전이요 공덕의 바다라
일체 중생에게 모든 악을 떠나게 하며
크고 큰 보리菩提를 성취케 하시니
이것은 해덕광명 주하신의 해탈이로다.

"부처님은 복전이요 공덕의 바다라." 그렇다. 부처님은 그대로가 복전이다. 그대로가 공덕의 바다다. 부처님은 무엇으로 아는가. 부처님의 가르침으로 안다. 그러므로 부처님의 가르침 역시 복전이요, 공덕의 바다다. 부처님의 가르침을 통해서 모든 악과 번뇌와 고통을 떠나는 방법을 배운다. 나아가서 깨달음의 지혜와 자비의 보리를 성취한다. 이 모두가 부처님으로부터 출발하기 때문에 부처님은 복전이요 공덕의 바다가 된다.

30. 주가신 대중들의 득법과 게송

1) 득법

復次柔軟勝味主稼神_은 得與一切衆生法滋味_{하야} 令成就佛身解脫門_{하니라}

다시 또 유연승미柔軟勝味 주가신은 모든 중생들에게 법의 자미滋味를 주어서 부처님의 몸을 성취하게 하는 해탈문을 얻었습니다.

주가신主稼神이란 곡식을 맡아서 관장하는 신이다. 곡식은 사람을 위시해서 온갖 동물과 조류에 이르기까지 생명을 살리는 중요한 먹거리다. 요즘에는 일부 어류에게 곡식을 먹이기도 한다. 이처럼 곡식은 세상에서 없어서는 안 될 화엄성중이다. 그대로 신이며, 보살이며, 부처님이다.

첫 번째 이름이 유연승미柔軟勝味다. 부드럽고 부드러운 뛰어난 맛이다. 사찰에서는 오후에 불식을 하고 저녁 늦게까지 정진을 하고 다시 새벽부터 정진하다가 때가 되어 음식을 대했을 때 먹는 죽이나 밥의 맛을 이렇게 표현하였다. 그대로 꿀맛이다. 그 맛을 법의 뛰어난 맛으로 바꾸어 부처님의 몸을 성취하는 길로 나아가는 것을 밝혔다. 화엄경의 맛을 이와 같이 느껴야 하리라.

시화정광주가신 득능영일체중생   수광
時華淨光主稼神은 **得能令一切衆生**으로 **受廣**
대희락해탈문
大喜樂解脫門하니라

시화정광時華淨光 주가신은 일체 중생에게 광대한 기쁨과 즐거움을 받게 하는 해탈문을 얻었습니다.

보살은 오로지 중생들이 기뻐하고 즐거워하기를 바라는 마음으로 산다. 자비한 어머니가 오직 자식들이 기쁘고 즐겁기만을 바라는 마음과 같다.

색력용건주가신　　득이일체원만법문　　정
色力勇健主稼神은 **得以一切圓滿法門**으로 **淨**

제경계해탈문
諸境界解脫門하니라

　색력용건色力勇健 주가신은 일체 원만한 법문으로 모든 경계를 청정하게 하는 해탈문을 얻었습니다.

　주가신의 이름이 색력용건色力勇健이다. 곡식으로 음식을 지어 먹고 육신의 힘이 날쌔고 튼튼하게 된다는 뜻이다. 사람들은 음식을 통해서 몸을 튼튼하게 하고 몸이 튼튼함으로 생활상의 일체 활동이 이루어진다. 곡식으로 육신의 양식을 삼듯이 원만한 법문으로 정신세계의 광대한 기쁨과 즐거움을 수용한다.

증익정기주가신　　득견불대비무량신통변
增益精氣主稼神은 **得見佛大悲無量神通變**

화력해탈문
化力解脫門하니라

증익정기增益精氣 주가신은 부처님의 큰 자비와 한량없는 신통변화의 힘을 보는 해탈문을 얻었습니다.

천지만물을 생성하는 원천이 되는 기운인 정기精氣를 증익케 한다는 이름의 주가신이다. 부처님의 큰 자비와 한량없는 신통변화는 세상 사람들의 삶에 진정한 정기가 된다. 불법을 공부하는 사람들은 불법의 정기로써 모든 삶을 아름답고 향기롭게 가꾸어야 한다.

보 생 근 과 주 가 신　　득 보 현 불 복 전　　영 하 종
普生根果主稼神은 **得普現佛福田**하야 **令下種**
무 실 괴 해 탈 문
無失壞解脫門하니라

보생근과普生根果 주가신은 부처님의 복전을 널리 나타내어 종자를 심어서 손실이 없게 하는 해탈문을 얻었습니다.

부처님의 복전을 널리 나타내는 방법은 무엇일까? 부처

님의 가르침은 세상에서 가장 소중한 바르고 참된 삶의 교훈이다. 그러므로 그와 같은 가르침을 스스로 마음에 받아들여 실천하고 다시 많은 사람들에게 널리 전파하는 일이 곧 부처님의 복전을 나타내는 가장 큰 방법이다. 불법이라는 종자를 심어서 세세생생 풍성하게 잘 가꾸도록 하여야 한다.

묘엄환계주가신_{妙嚴環髻主稼神}은 득보발중생_{得普發衆生}의 정신화해탈문_{淨信華解脫門}하니라

묘엄환계_{妙嚴環髻} 주가신은 중생들의 청정한 신심의 꽃을 널리 피어나게 하는 해탈문을 얻었습니다.

"중생들의 청정한 신심의 꽃을 널리 피어나게 한다."는 이 말씀은 그야말로 주옥과 같이 느껴진다. 모든 사람들이 불법을 바로 배우고, 배운 바에 감동하여 여기저기에서 청정한 신심의 꽃이 우담발화로 피어나는 모습을 상상해 보라.

潤澤淨華主稼神은 **得大慈愍**으로 **濟諸衆生**하야
令增長福德海解脫門하니라

윤택정화潤澤淨華 주가신은 크게 사랑하고 불쌍히 여기는 마음으로 모든 중생을 건져서 복덕의 바다를 증장케 하는 해탈문을 얻었습니다.

박복하여 생활이 어렵고 하는 일이 잘 풀리지 않아서 고생하는 사람들은 평소에 삶의 이치를 모르기 때문에 복을 지을 줄도 모른다. 보살은 그와 같은 사람들을 보면 크게 사랑하고 불쌍히 여기는 마음이 생겨서 그들에게 복덕을 증장하는 방법을 가르쳐 준다.

成就妙香主稼神은 **得廣開示一切行法解脫門**하니라

성취묘향成就妙香 주가신은 온갖 수행하는 법을 널리 열어 보이는 해탈문을 얻었습니다.

불교의 특징 중 하나는 수행이다. 수행에는 여러 가지가 있다. 간경, 명상, 주력, 염불, 절, 참선, 지관, 기도 등이다. 이 모든 것의 본래의 의미는 깨달음의 지혜를 갖춰서 중생들을 교화하기 위함이다. 무엇을 수행하든지 본래의 목적을 상실하지 않아야 한다.

견자애락주가신 득능영법계일체중생
見者愛樂主稼神은 **得能令法界一切衆生**으로
사리해태우뇌등 제악보청정해탈문
捨離懈怠憂惱等하야 **諸惡普淸淨解脫門**하고

견자애락見者愛樂 주가신은 법계의 모든 중생들에게 게으름과 근심과 괴로움을 버리고 모든 악을 널리 텅 비어 청정하게 하는 해탈문을 얻었습니다.

"모든 중생들에게 게으름과 근심과 괴로움을 버리고 모

든 악을 널리 텅 비어 청정하게 하는 해탈"에는 별다른 방법이 없다. 정법을 열심히 배우고, 정진하여 배운 법을 다른 사람들에게 널리 전하는 전법 활동밖에 없다. 불교를 배운 사람으로서는 이 일을 인생의 최고 가치라고 생각하기 때문이다.

이구광명주가신　득관찰일체중생선근
離垢光明主稼神은 **得觀察一切衆生善根**하고

수응설법　영중회환희만족해탈문
隨應說法하야 **令衆會歡喜滿足解脫門**하니라

이구광명離垢光明 주가신은 일체 중생의 선근善根을 관찰하고 알맞게 설법하여 여러 대중들을 기쁘고 만족하게 하는 해탈문을 얻었습니다.

주가신의 이름이 이구광명離垢光明이다. 온갖 번뇌의 때를 모두 떠나고 지혜의 광명이 세상과 인생을 밝게 비춘다는 뜻이다. 불교의 요점을 밝힌 이름이다.

2) 게송

爾時_에 柔軟勝味主稼神_이 承佛威力_{하사} 普觀
一切主稼神衆_{하고} 而說頌言_{하니라}

그때에 유연승미柔軟勝味 주가신이 부처님의 위신력을 받들어 모든 주가신 대중들을 두루 살피고 게송으로 말하였습니다.

如來無上功德海_가　　普現明燈照世間_{하사}
一切衆生咸救護_{하야}　　悉與安樂無遺者_{로다}

여래의 높고 높은 공덕바다가
밝은 등불 나타내어 세간 비추사
일체 중생을 모두 다 구호하여
모두에게 안락 주어 빠짐이 없네.

불교는 여래의 높고 높은 공덕을 드러내는 일이다. 그 공덕은 곧 세상을 비추는 지혜의 밝은 등불이 된다. 그 불빛을 받는 사람은 누구나 큰 안락을 얻으리라.

세존공덕무유변 　　　　중생문자부당연
世尊功德無有邊하사　　**衆生聞者不唐捐**이라
실사이고상환희 　　　　차시시화지소입
悉使離苦常歡喜케하시니　**此是時華之所入**이로다

세존의 공덕은 끝이 없으사
중생들이 듣고는 헛되지 않네.
모든 이로 하여금 고통을 여의고 항상 기쁘게 하시니
이것은 시화정광 주가신이 들어간 바로다.

끝없는 세존의 공덕이란 무엇일까? 그것은 진리의 설법이다. 그러므로 세존의 설법을 듣지 못하면 세존의 공덕을 만나지 못한 것이다. 불교를 믿는 사람들은 만나기 어려운 불법을 만났으므로 진리의 설법을 듣고 세존의 끝없는 공덕을 수용해야 한다.

선서제력개원만 공덕장엄현세간
善逝諸力皆圓滿하사 **功德莊嚴現世間**하야

일체중생실조복 차법용력능명증
一切衆生悉調伏하시니 **此法勇力能明證**이로다

선서善逝의 모든 힘이 다 원만하사

공덕으로 장엄하고 세간에 출현하여

일체 중생을 다 조복하시니

이 법은 색력용건[勇力] 주가신이 밝게 증득하였네.

부처님의 명호 '선서善逝'는 부처님의 열 가지 명호 중의 하나로서 "잘 가신 분"이라는 말인데 깨달음의 피안彼岸으로 간 채 미망迷妄의 세계로 다시 돌아오지 않음을 뜻한 것이다. 생사에서 영원히 벗어났다는 뜻이기도 하다. 부처님은 온갖 힘을 다 갖추고 있어서 모두가 원만하다. 그것은 곧 공덕으로 장엄되어 세상에 나타나시어 일체 중생을 덕화로 조복하신다.

불 석 수 치 대 비 해 　　　　기 심 염 념 등 세 간
佛昔修治大悲海하사　　**其心念念等世間**이라

시 고 신 통 무 유 변 　　　　증 익 정 기 능 관 견
是故神通無有邊하시니　**增益精氣能觀見**이로다

부처님이 옛적에 큰 자비를 닦으사

그 마음 순간순간 세간과 평등해

그러므로 신통이 그지없으시니

증익정기 주가신이 능히 잘 보았도다.

과거나 현재나 미래나 부처님 삶의 역사는 오로지 자비의 실천이다. 그래서 어느 순간도 쉼 없이 세상과 함께한다.

불 변 세 간 상 현 전 　　　　일 체 방 편 무 공 과
佛徧世間常現前하사　　**一切方便無空過**하야

실 정 중 생 제 혹 뇌 　　　　차 보 생 신 지 해 탈
悉淨衆生諸惑惱하시니　**此普生神之解脫**이로다

부처님은 온 세간에 항상 나타나사

온갖 방편 헛되이 지나치지 않아

중생의 모든 번뇌를 다 맑게 하시니
이것은 보생근과 주가신의 해탈이로다.

부처님이 가르치신 모든 방편은 적절하게 잘 활용만 하면 헛된 것은 아무것도 없다. 중생들의 모든 번뇌를 다 소멸하게 한다.

불 시 세 간 대 지 해　　　방 정 광 명 무 불 변
佛是世間大智海라　　　**放淨光明無不徧**하사

광 대 신 해 실 종 생　　　여 시 엄 계 능 명 입
廣大信解悉從生하니　　**如是嚴髻能明入**이로다

부처님은 세간의 큰 지혜의 바다라
청정한 광명 놓아 가득히 하사
광대한 신해信解가 다 여기에서 나나니
이것은 묘엄환계 주가신이 밝게 들어갔네.

부처님은 곧 깨달음의 지혜다. 지혜는 곧 세상을 밝게 비추는 광명이다. 그 내용들은 모두 가르침이라는 경전에 담겨 있다. 경전을 깊이 믿고 이해하면 신해信解가 모두 지혜의 가르침인 경전에서 나온다.

여래관세기자심
如來觀世起慈心하사

위리중생이출현
爲利衆生而出現하야

시피염이최승도
示彼恬怡最勝道하시니

차정화신지해탈
此淨華神之解脫이로다

여래께서 세상을 보고 자비심을 일으키사
중생을 이익하게 하려고 출현하시어
저 편안하고 기쁜 가장 수승한 길을 보이시니
이것은 윤택정화 주가신의 해탈이로다.

사람이 세상을 살아가는 데 가장 편안하고 기쁘고 수승한 길이란 요즘 말로 표현하면 행복한 삶이라고 할 수 있을 것이다. 세상 사람들은 그 행복을 위해 참으로 많은 것을 동원한다. 세상 사람들이 동원한 행복의 조건에 과연 진정한 행복이 있을까? 그리고 부처님이 고통 받는 중생들을 보고 자비심을 내어 제시하여 보이신 행복의 길은 또 무엇일까?

선서소수청정행 　　　　보리수하구선설
善逝所修清淨行을　　**菩提樹下具宣說**하사

여시교화만시방 　　　　차묘향신능청수
如是教化滿十方하시니 **此妙香神能聽受**로다

선서善逝께서 닦으신 청정한 행을
보리수 아래서 다 연설하사
이와 같은 교화가 시방에 충만하시니
이것은 성취묘향 주가신이 받아들였네.

　부처님께서 세세생생 닦으신 그 훌륭한 수행을 보리수 아래서 다 연설하였다고 하였다. 그리고 또 그 교화가 시방에 충만하다고 하였다. 부처님이 설하신 경전의 가르침은 인도의 여러 곳을 다니면서 수많은 근기의 사람들을 만나면서 설해진 것이다. 그러나 그 근본은 보리수나무 밑에서 성취하신 정각이다. 이 화엄경은 부처님이 처음 정각을 성취하신 내용을 남김없이 다 설파하신 것이다. 그래서 경전의 이름이 아무리 많아도 그 전체적인 이름을 하나로 표현하면 대방광불화엄경이라고 할 수 있다.

불어일체제세간	실사이우생대희
佛於一切諸世間에	**悉使離憂生大喜**하야
소유근욕개치정	가애락신사오입
所有根欲皆治淨하시니	**可愛樂神斯悟入**이로다

부처님이 일체 모든 세간에서
근심을 떠나고 큰 기쁨을 내게 해서
근본 욕망[根欲]을 깨끗이 다스리시니
견자애락 주가신이 깨달아 들어갔네.

 세상 사람들의 근본 욕망[根欲]이란 안·이·비·설·신의 오근五根이 방자히 하고자 하는 욕망이다. 눈은 아름다운 것만 보고자 하고, 귀는 마음에 드는 소리만 듣고자 하고, 코는 향기로운 냄새만 맡고자 하고, 혀는 맛있는 음식만 먹고자 하고, 몸은 부드러운 것만 상대하고자 하는 것이다. 이 욕망들 때문에 온갖 근심과 걱정과 고통이 생겨난다. 이러한 근본 오욕을 깨끗이 다스리게 한 것이 부처님의 가르침이다.

여래 출현 어 세 간 　　　　보 관 중 생 심 소 락
如來出現於世間하사　　**普觀衆生心所樂**하시고

종 종 방 편 이 성 숙 　　　　차 정 광 신 해 탈 문
種種方便而成熟하시니　**此淨光神解脫門**이로다

여래께서 세간에 출현하사
중생들이 즐기는 일 널리 살피시고
갖가지 방편으로 성숙케 하시니
이것은 이구광명[淨光] 주가신의 해탈이로다.

  중생들이 즐기는 일도 근기와 수준과 습관과 취향을 따라 무수히 많다. 요즘 세상에는 옛날에는 상상도 하지 못하던 일들까지 생겨났다. 그러나 아무리 많더라도 이는 모두 오근五根의 욕망을 만족하게 하는 일이다. 여래는 갖가지 방편을 열어서 즐거움에 취해 있는 중생들을 성숙하게 하고, 철이 들게 하고, 지혜가 나게 한다.

31. 주약신 대중들의 득법과 게송

1) 득법

부차길상주약신 득보관일체중생심 이
復次吉祥主藥神은 **得普觀一切衆生心**하야 **而**

근섭취해탈문
勤攝取解脫門하니라

다시 또 길상吉祥 주약신은 일체 중생의 마음을 널리 관찰해서 부지런히 거두어들이는 해탈문을 얻었습니다.

주약신主藥神이란 병을 치료하는 약을 맡아서 관장하는 신이다. 중생의 늙고 병들고 죽는 고통 중에서 가장 견디기 어려운 고통이 병을 앓는 고통이다. 병도 종류가 많아서 예로부터 404병이라고 하였다. 현대에 와서는 별의별 희귀병도 많이 생긴다. 한 가지 병에 약은 천 가지라고 하지만 약을 쓴다고 하여 병이 다 낫는 것은 아니다. 약을 쓰고 수술을 해서 병이 더욱 악화되는 사례도 빈번하다. 만약 어떤 병에 제대로 맞는 약을 써서 한두 첩에 바로 쾌차한다면 얼마나 다행스러울까. 아무튼 약은 병을 고치고 생명을 유지하는 데 가장 중요한 것이다. 그래서 약은 곧 신이다. 보살이며 부처님이다. 그래서 첫 주약신의 이름이 길상吉祥 주약신이다. 약은 실로 길상한 존재다. 무엇보다 중생의 마음으로부터 생긴 병에 진리의 가르침으로 다스리는 약이 최상의 약이다.

전단림주약신   득이광명   섭중생   비견
栴檀林主藥神은 **得以光明**으로 **攝衆生**하야 **俾見**
자   무공과해탈문
者로 **無空過解脫門**하니라

전단림栴檀林 주약신은 광명으로 중생을 거두어들여서 보는 이가 헛되이 지나치지 않게 하는 해탈문을 얻었습니다.

이름이 전단림栴檀林 주약신이다. 전단향나무는 향기도 우수하지만 약성도 뛰어나다. 전단향나무로 만든 불상이나 염주를 얻으면 그 향기에 매료되어 기쁘기 그지없다. 진리의 가르침이라는 광명으로 중생들을 모두 거두어서 하나도 헛되지 않도록 큰 깨우침을 얻게 하는 것에 비유하였다.

이진광명주약신   득능이정방편   멸일체
離塵光明主藥神은 **得能以淨方便**으로 **滅一切**

중생번뇌해탈문
衆生煩惱解脫門하니라

　이진광명離塵光明 주약신은 능히 청정한 방편으로 일체 중생의 번뇌를 소멸하는 해탈문을 얻었습니다.

　청정한 방편이란 텅 비어 공한 이치를 깨우쳐 주는 방편이다. 일체 중생의 번뇌는 본래 공하다는 사실을 깨닫게 하는 뜻이 담겨 있다.

명칭보문주약신   득능이대명칭   증장무
名稱普聞主藥神은 **得能以大名稱**으로 **增長無**

변선근해해탈문
邊善根海解脫門하니라

　명칭보문名稱普聞 주약신은 능히 큰 이름으로 그지없는 선근의 바다를 증장케 하는 해탈문을 얻었습니다.

부처님은 그 이름만으로도 사람들의 마음을 편안하게 하고 위안을 준다. 그리고 선근을 내게 만든다. "내 이름을 듣는 이나 내 모양을 보는 이는 보리마음 모두 내어 윤회고를 벗어라."는 발원문의 내용 그대로이다.

毛孔現光主藥神은 得大悲幢으로 速赴一切病
境界解脫門하니라

　모공현광毛孔現光 주약신은 큰 자비의 깃대로써 온갖 병의 경계에 빨리 나아가는 해탈문을 얻었습니다.

　주약신이기 때문에 모든 병이 있는 곳이라면 어디든지 빨리 달려가서 치료하도록 해야 한다. 중생의 번뇌 병이 있는 곳에도 지혜의 가르침이 빨리 전해져서 번뇌를 소멸하도록 해야 한다.

파 암 청 정 주 약 신　　득 요 치 일 체 맹 명 중 생
破闇淸淨主藥神은 **得療治一切盲冥衆生**하야

영 지 안 청 정 해 탈 문
令智眼淸淨解脫門하니라

　파암청정破闇淸淨 주약신은 모든 눈 어두운 중생을 치료해서 지혜의 눈을 청정하게 하는 해탈문을 얻었습니다.

　주약신의 이름이 파암청정破闇淸淨이다. 번뇌의 어두움을 깨뜨려서 지혜로 청정하게 한다는 뜻이다. 눈 어두운 중생이란 번뇌에 뒤덮여 어리석고 몽매하여 지혜가 없는 중생을 뜻한다.

보 발 후 성 주 약 신　　득 능 연 불 음　　설 제 법 차
普發吼聲主藥神은 **得能演佛音**하야 **說諸法差**

별 의 해 탈 문
別義解脫門하니라

　보발후성普發吼聲 주약신은 부처님의 소리를 내어 모든 법의 차별한 뜻을 말하는 해탈문을 얻었습니다.

부처님의 소리란 지혜의 소리며, 가르침의 소리며, 법문의 소리며, 진리의 소리며, 깨달음의 소리며, 해탈의 소리며, 바람 소리며, 물 흐르는 소리며, 자동차가 굴러가는 소리며, 아이들이 장난하면서 떠드는 소리며, 시장에서 물건을 사고 파는 소리 등이다.

蔽日光幢主藥神은 得能作一切衆生의 善知識하야 令見者로 咸生善根解脫門하니라

폐일광당蔽日光幢 주약신은 능히 일체 중생의 선지식이 되어서 보는 이가 다 선근을 내는 해탈문을 얻었습니다.

일체 중생의 선지식이 되어 보는 사람들이 모두 선근을 내도록 할 수 있어야 비로소 참선지식이며, 도인이며, 큰스님이며, 깨달은 사람이며, 법사며, 지도하는 사람이다.

명견시방주약신   득청자대비장   능이방
明見十方主藥神은 **得淸慈大悲藏**하야 **能以方**

편   영생신해해탈문
便으로 **令生信解解脫門**하니라

명견시방明見十方 주약신은 청정한 사랑과 크게 가엾이 여기는 마음으로 능히 방편을 써서 믿음과 이해를 내게 하는 해탈문을 얻었습니다.

불교에 대한 진실한 믿음과 이해를 내게 하려면 스스로 정법에 대한 깊은 이해가 있고 나서 상대에 대한 청정한 사랑과 크게 가엾이 여기는 마음이 앞서야 한다. 그와 같은 진실한 마음 없이 건성으로 가르치면 감동이 없다. 감동이 없는 가르침은 믿음이 없다.

보발위광주약신   득방편   영염불   멸
普發威光主藥神은 **得方便**으로 **令念佛**하야 **滅**

일체중생병해탈문
一切衆生病解脫門하니라

보발위광普發威光 주약신은 방편으로 부처님을 생각하게 해서 일체 중생의 병을 소멸하는 해탈문을 얻었습니다.

부처님을 생각하게 하는 것은 방편 염불念佛이다. 염불을 하면 중생의 병이 낫는다. 보문품에는 관세음보살을 염하면 성취하지 못할 일이 없다고 하였다. 불에 들어가도 타지 않으며, 물에 들어가도 빠지지 않으며, 나찰과 악귀를 만나도 그들이 피해서 달아나는 등, 염불을 하면 온갖 재난에서 벗어난다고 하였다.

2) 게송

爾時에 吉祥主藥神이 承佛威力하사 普觀一切
主藥神衆하고 而說頌言하사대

그때에 길상吉祥 주약신이 부처님의 위신력을 받들어 모든 주약신 대중들을 널리 살피고 게송으로 말하였습니다.

여래지혜부사의 　　　실지일체중생심
如來智慧不思議어　　**悉知一切衆生心**하사

능이종종방편력　　　　멸피군미무량고
能以種種方便力으로　**滅彼群迷無量苦**로다

여래의 지혜 부사의함이여

일체 중생의 마음을 다 알아서

능히 갖가지 방편의 힘으로

저 중생들의 한량없는 고통을 소멸하시네.

여래의 지혜는 불가사의하다. 그 지혜의 힘은 일체 중생의 마음을 다 아신다. 갖가지 방편력을 구사하여 미혹에 허덕이는 중생들의 고통을 모두 소멸하신다.

대웅선교난측량　　　　범유소작무공과
大雄善巧難測量이라　**凡有所作無空過**하사

필사중생제고멸　　　　전단림신능오차
必使衆生諸苦滅케하시니 **栴檀林神能悟此**로다

대웅大雄의 좋은 방편 측량하기 어려워

하시는 일 무엇이든 헛되지 않으시어
반드시 중생들에게 모든 고통을 소멸케 하시니
전단림 주약신이 이것을 깨달았네.

사람들은 부처님의 명호 중에서 '위대한 영웅'이라는 뜻의 '대웅大雄'이라는 말을 즐겨 쓴다. 그래서 석가모니 부처님을 모신 법당을 대웅전이라고 부른다. 부처님의 선교방편은 무엇이든 헛되지 않다. 중생들의 고통을 모두 소멸하게 하신다.

여 관 제 불 법 여 시
汝觀諸佛法如是하라

왕 석 근 수 무 량 겁
往昔勤修無量劫하사대

이 어 제 유 무 소 착
而於諸有無所着하시니

차 이 진 광 소 입 문
此離塵光所入門이로다

너희는 모든 부처님의 법이 이와 같음을 보라.
지난 옛적 한량없는 겁 동안 부지런히 수행하사
모든 것에 집착이 없으시니
이것은 이진광명 주약신이 들어간 문일세.

모든 것에 집착이 없다는 것은 큰 지혜의 힘이다. 지혜가 없으면 일체 존재를 실재하는 것으로 보기 때문에 낱낱이 집착한다. 육신에 집착하고, 명예에 집착하고, 재산에 집착하고, 앎에 집착하고, 사람에 집착하고, 정에 집착하여 그가 살아가는 모습이 마치 해진 솜옷을 입고 가시덩굴 속을 걸어가는 것과 같다. 일체가 공이요, 무아요, 무상이다. 집착할 것은 아무것도 없다.

불 백 천 겁 난 가 우
佛百千劫難可遇라

약 유 득 견 급 문 명
若有得見及聞名이면

필 영 획 익 무 공 과
必令獲益無空過케하시니

차 보 칭 신 지 소 요
此普稱神之所了로다

부처님은 백천 겁에도 만나기 어려워라.
만약 어떤 이가 보거나 이름만 들어도
반드시 이익을 얻고 헛되이 지나지 않게 하시니
이것은 명칭보문[普稱] 주약신이 깨달은 것이로다.

지구상의 무수한 생명체 중에서 사람으로 태어나기 어렵

고, 사람으로 태어났어도 불법을 만나기가 어렵고, 불법을 만났어도 이와 같은 화엄경의 가르침을 만나기는 더욱 어렵다. 그래서 '대방광불화엄경'이라는 이름을 한 번만 부르거나 듣더라도 삼악도를 면한다고 하였다. 이러한 이치를 아는 불교인은 축생을 만나면 축생의 업보를 면하라는 뜻에서 "대방광불화엄경"을 소리 내어 들려 준다. 결코 헛되지 않으리라.

    여 래 일 일 모 공 중   실 방 광 명 멸 중 환
    如來一一毛孔中에 **悉放光明滅衆患**하사
    세 간 번 뇌 개 영 진   차 현 광 신 소 입 문
    世間煩惱皆令盡하시니 **此現光神所入門**이로다

여래의 낱낱 모공毛孔 가운데서
다 광명을 놓아 온갖 근심 소멸하사
세간의 번뇌를 다 없애시니
이것은 모공현광 주약신이 들어간 문일세.

 화엄경의 경문이 아무리 많아도 그 낱낱 글자와 낱낱 구절마다 지혜의 광명이 빛나고 있다. 이 화엄경의 광명을 받는 사람은 모두가 온갖 근심 다 소멸하고 세상의 번뇌를 다 없애리라.

일체 중생 치 소 맹
一切衆生癡所盲으로
혹 업 중 고 무 량 별
惑業衆苦無量別이어든
불 실 견 제 개 지 조
佛悉蠲除開智照하시니
여 시 파 암 능 관 견
如是破闇能觀見이로다

일체 중생이 어리석음에 눈이 어두워
미혹의 업으로 온갖 고통 한량없이 다르거늘
부처님이 다 제거하고 지혜로써 비추시니
이것은 파암청정 주약신이 능히 보았네.

중생들은 어리석음도 가지가지요, 미혹도 가지가지요, 업장도 가지가지요, 고통도 가지가지다. 모두가 한량없이 다르다. 그러나 부처님 지혜의 가르침은 이 모든 종류의 문제들을 다 제거하신다.

여래일음무한량　　　능개일체법문해
如來一音無限量이여　　**能開一切法門海**하사

중생청자실요지　　　차시대음지해탈
衆生聽者悉了知하니　　**此是大音之解脫**이로다

여래의 한 음성 한량이 없음이여
능히 모든 법문의 바다를 여시고
중생이 듣고는 다 알게 하시니
이것은 보발후성[大音] 주약신의 해탈이로다.

부처님이 어느 날 영축산에서 수많은 대중들 앞에 연꽃 한 송이를 들어 보였다. 모든 대중들이 묵묵히 아무런 말이 없었다. 오직 가섭존자만 빙그레 미소를 지었다. 또 구지俱胝 화상은 '지수일지只樹一指'라고 하여 평생 동안 손가락 하나를 세워 보이는 것으로 모든 법문을 대신하였다. 어떤 선사는 "할"로써 대신하였고, 어떤 선사는 "방"을 후려치는 것으로 대신하기도 하였다. 이렇듯 부처님의 한 음성이면 일체 법문을 열어 보이기에 충분하지 않은가. 중생이 듣고는 다 잘 알았다고 하였다. 귀가 있는 사람은 다 들을 것이고, 눈이 있는 사람은 다 볼 것이다. 이와 같이 보고 듣는 이 사실보다 더 높고 깊은 법문이 어디 있겠는가.

여 관 불 지 난 사 의　　　　보 현 제 취 구 군 생
汝觀佛智難思議하라　　**普現諸趣救群生**하사

능 영 견 자 개 종 화　　　　차 폐 일 당 심 오 료
能令見者皆從化케하시니 **此蔽日幢深悟了**로다

그대는 부처님의 지혜가 생각할 수 없음을 보라.
모든 갈래에 다 나타나서 중생을 구제하사
보는 이는 다 교화를 따르게 하시니
이것은 폐일광당 주약신이 깊이 깨달았네.

　부처님의 지혜는 곧 부처님의 가르침이며 불교다. 오늘날은 불교가 세계 곳곳에 널리 퍼져서 동서양에 불교를 모르는 이가 없다. 사람을 위시하여 모든 존재의 실상을 깊이 깨달으신 부처님의 가르침이 널리 퍼지고, 그 가르침을 만나는 사람들은 모두 교화를 받아 깨닫게 된다.

여래대비방편해　　　위리세간이출현
如來大悲方便海여　　**爲利世間而出現**하사

광개정도시중생　　　차견방신능요달
廣開正道示衆生하시니　**此見方神能了達**이로다

여래의 크신 자비 방편바다여
세간을 이롭게 하려고 출현하셨네.
바른 길 널리 열어 중생에게 보이시니
이것은 명견시방 주약신이 통달하였네.

여래의 자비 방편은 사람들에게 인생의 바른 길을 열어 보이려고 하신 것이다. 인생의 바른 길이란 사람의 진정한 가치가 부처님이라는 존귀한 경지를 깨닫는 데 있다. 이러한 사실을 알았을 때 비로소 세상 사람들에게 큰 이익이 된다.

여래보방대광명　　　일체시방무불조
如來普放大光明하사　**一切十方無不照**하야

영수염불생공덕　　　차발위광해탈문
令隨念佛生功德케하시니　**此發威光解脫門**이로다

여래가 큰 광명을 널리 놓으사
일체 시방을 다 비추어
부처님을 생각함을 따라서 공덕이 나게 하시니
이것은 보발위광 주약신의 해탈이로다.

부처님은 곧 진리의 가르침이다. 진리의 가르침은 온누리에 두루 하여 이르지 않는 데가 없다. 그러므로 가르침을 잊지 않고 늘 생각하고 명상하여 실천에 옮긴다면 그 공덕은 다함이 없으리라.

32. 주림신 대중들의 득법과 게송

1) 득법

부차 포화여운주림신 득광대무변지해장
復次布華如雲主林神은 **得廣大無邊智海藏**

해탈문
解脫門하니라

다시 또 포화여운布華如雲 주림신은 광대무변한 지혜바다 창고의 해탈문을 얻었습니다.

주림신主林神이란 숲을 맡아 관장하는 신이다. 숲은 나무가 한 그루 한 그루 모여서 이룬 것이다. 무덥고 깡마른 땅으로 이뤄진 인도에서 숲은 온갖 생명들의 의지처가 된다. 또 숲이 있어 물이 있고 나무에는 꽃과 열매가 무성하다. 또한 수행자가 머물며 수행하기 좋은 곳을 제공한다. 그래서 다른 종교를 사막의 종교라고 하는 데 반해서 불교를 숲의 종교라고 한다. 숲은 생각만 해도 마음이 편안해지고 풍성한 느낌을 준다. 이와 같은 숲의 기능과 공능을 모두 안다면 어찌 신이 아니겠는가. 이 또한 보살이며 부처님이다.

첫 주림신의 이름이 "꽃이 구름처럼 펼쳐져 있는 신"이라는 뜻이다. 누구나 광대무변한 지혜바다 창고의 해탈을 떠올리게 한다. 청량스님은 "부처님의 덕이 무변한 것은 모두 지혜의 바다를 의지한 것이며, 그 무변한 덕을 함유하고 있으므로 빛이 저절로 흘러나오기 때문에 창고라고 이름 한다."[2]라고 하였다.

탁 간 서 광 주 림 신　　 득 광 대 수 치　　 보 청 정 해
擢幹舒光主林神은 **得廣大修治**하야 **普淸淨解**

탈 문
脫門하니라

　탁간서광擢幹舒光 주림신은 넓고 크게 수치修治하여 두루 청정하게 하는 해탈문을 얻었습니다.

　수치修治라는 말은 고치고 보수한다는 뜻이며, 약을 법제한다는 뜻이기도 하다. 사람은 부처님의 가르침에 의하여 끊임없이 다듬고 다스리고 고치고 바꾸고 변화하고 발전해 가며 살아야 한다. 그것이 곧 수행이다. 그래야 뛰어난 사람, 청정한 사람이 된다.

생 아 발 요 주 림 신　　 득 증 장 종 종 정 신 아 해 탈
生芽發耀主林神은 **得增長種種淨信芽解脫**

---

2) 佛德無邊皆依智海. 含德流光所以名藏.

문
門하니라

생아발요生芽發耀 주림신은 갖가지 청정한 신심의 싹을 증장시키는 해탈문을 얻었습니다.

생아발요生芽發耀라는 주림신이다. 가지가지 청정한 신심의 싹을 증장시킨다는 득법과 같이 싹을 틔워 빛을 발휘한다는 이름이다. 이름으로 득법을 잘 밝혔다.

길상정엽주림신 득일체청정공덕장엄취
吉祥淨葉主林神은 **得一切淸淨功德莊嚴聚**
해 탈 문
解脫門하니라

길상정엽吉祥淨葉 주림신은 여러 가지 청정한 공덕의 장엄 무더기의 해탈문을 얻었습니다.

인생을 장엄하는 것에는 여러 가지 공덕이 있어야 한다. 머리가 총명한 것도 장엄이며, 육신이 건강하고 잘생긴 것도 장엄이며, 인덕이 많아서 만나는 사람마다 좋아하는 것도 장엄이며, 훌륭한 부모와 훌륭한 가정에 태어나는 것도 장엄이다. 이 모든 것은 청정한 공덕을 쌓아야 가능한 일이다. 길상정엽吉祥淨葉 주림신은 복이 되는 청정한 업을 평소에 많이 쌓았다는 뜻이다.

수 포 염 장 주 림 신   득 보 문 청 정 혜   항 주 람
垂布焰藏主林神은 **得普門淸淨慧**로 **恒周覽**
법 계 해 탈 문
法界解脫門하니라

수포염장垂布焰藏 주림신은 넓은 문과 청정한 지혜로 법계를 항상 둘러보는 해탈문을 얻었습니다.

보문普門, 즉 넓은 문이란 화엄종에서 우주의 모든 사물은 저마다 일체의 법法을 포섭하고 있음을 이르는 말이다. 이와 같은 이치에 입각한 청정한 지혜로 법계를 항상 두루 살펴보는 것이 화엄의 안목이다. 다시 말하면 먼지 하나 속에 온 우주가 들어 있는 도리를 지혜로 아는 일이며, 법계 연기

적 안목으로 만물과 소통하여 걸림이 없는 삶이다.

묘 장 엄 광 주 림 신　　득 보 지 일 체 중 생 행 해
妙莊嚴光主林神은 **得普知一切衆生行海**하야
이 흥 포 법 운 해 탈 문
而興布法雲解脫門하니라

묘장엄광妙莊嚴光 주림신은 일체 중생의 행의 바다를 널리 알아서 법의 구름을 일으키는 해탈문을 얻었습니다.

일체 중생의 행의 바다를 널리 알아서 중생 중생마다 그 근기에 알맞은 법을 가르쳐 교화하는 내용이다.

가 의 뇌 성 주 림 신　　득 인 수 일 체 불 가 의 성
可意雷聲主林神은 **得忍受一切不可意聲**하야
연 청 정 음 해 탈 문
演淸淨音解脫門하니라

가의뇌성可意雷聲 주림신은 모든 마음에 들지 않는 소

리를 참고 받아들여서 청정한 소리를 연설하는 해탈문을 얻었습니다.

세상에는 참아 내기 어려운 소리들이 얼마나 많은가. 보살은 그 많고 많은 참아 내기 어려운 소리들을 모두 다 참아서 소화하고, 복되고 청정한 소리와 아름답고 부드러운 소리와 여법하고 진리에 맞는 소리로 연설한다. 그래서 사람과의 반가운 관계를 유지하고 유쾌한 대화를 주고받는다.

향광보변주림신 　 득시방보현석소수치광
香光普徧主林神은 **得十方普現昔所修治廣**
대행경계해탈문
大行境界解脫門하니라

향광보변香光普徧 주림신은 옛적에 닦았던 광대한 수행의 경계를 시방에 널리 나타내는 해탈문을 얻었습니다.

보살은 그동안 닦은 수행과 복덕과 공덕과 지식과 지혜를 시방 중생들에게 널리널리 베풀어 보시하여야 한다. 만약 보살이 사업을 잘하여 부를 쌓았다면 그 부를 또한 널리 널리 많은 사람들에게 베풀어야 한다. 이와 같이 베푸는 일은 자신에게도 좋으며 타인에게도 좋은 일이다. 이것을 회향이라 한다.

妙光迥耀主林神은 得以一切功德法으로 饒益世間解脫門하니라

묘광형요妙光迥耀 주림신은 온갖 공덕의 법으로 세간을 요익케 하는 해탈문을 얻었습니다.

세간을 요익하게 하는 것은 공덕이다. 그러므로 평소에 공덕을 많이 쌓아서 힘들고 고통 받는 사람들을 널리 요익하게 하는 것이 보살의 삶이다.

화과광미주림신　　득능영일체　　견불출흥
華果光味主林神은 **得能令一切**로 **見佛出興**하고

상경염불망　　　장엄공덕장해탈문
常敬念不忘하야 **莊嚴功德藏解脫門**하니라

화과광미華果光味 주림신은 능히 일체 중생들로 하여금 부처님이 세상에 나오심을 보고 항상 공경하는 생각을 잊지 않고 장엄하게 하는 공덕 창고의 해탈문을 얻었습니다.

부처님이 출현하시거나 성현이 출현하시거나 도인이 출현하시거나 선지식이 출현하시거나 훌륭한 스승이 출현하시면 반드시 귀의하여 받들며 공양 공경하고 존중 찬탄하여 마음에 새겨 잊지 않아야 한다. 이것이 공덕의 창고가 되는 일이다.

2) 게송

이시　　포화여운주림신　　　승불위력　　　보관
爾時에 **布華如雲主林神**이 **承佛威力**하사 **普觀**

일체주림신중   이설송언
一切主林神衆하고 **而說頌言**하사대

그때에 포화여운布華如雲 주림신이 부처님의 위신력을 받들어 일체 주림신 대중들을 널리 살피고 게송으로 말하였습니다.

불석수습보리행   복덕지혜실성만
佛昔修習菩提行하사   **福德智慧悉成滿**하시며

일체제력개구족   방대광명출세간
一切諸力皆具足하사   **放大光明出世間**이로다

부처님이 옛적에 보리행을 닦으사

복덕과 지혜가 다 원만하시며

일체 모든 힘을 다 구족하사

큰 광명을 놓으시며 세간에 출현하셨네.

보리행菩提行이란 복덕과 지혜와 자비를 함께 이르는 말이다. 부처님은 이 모든 것을 옛적에 원만히 닦아 구족하였다. 그러므로 부처님은 세상의 광명이시다. 불자들은 부처님을

모델로 삼고 자신의 삶을 가꾸어 나간다.

비문무량등중생
悲門無量等衆生을　　**如來往昔普淨治**라
여래왕석보정치

시고어세능위익
是故於世能爲益하시니　　**此擢幹神之所了**로다
차탁간신지소요

자비의 문 한량없어 중생과 평등함을
여래가 지난 옛적 청정하게 닦음이라.
그러므로 세상을 이익하게 하시니
이것은 탁간서광 주림신이 깨달은 것일세.

아무리 자비로운 부모라 하더라도 자식들을 사랑하는 마음이 한결같을 수는 없다. 자식에 따라 다르고 때에 따라 다르다. 그러나 부처님이 중생을 사랑하는 마음은 중생이 아무리 많더라도 그 중생의 수와 같고, 중생들의 태도가 아무리 변하더라도 변함없이 한결같다. 무성한 숲이 그늘을 골고루 내려 주듯이.

약유중생일견불   필사입어심신해
若有衆生一見佛이면   **必使入於深信海**하야

보시일체여래도   차묘아신지해탈
普示一切如來道하시니   **此妙芽神之解脫**이로다

만약 중생이 한 번만 부처님을 보면

반드시 깊은 신심의 바다에 들어가게 되어

일체 여래의 도(道)를 널리 보이니

이것은 생아발요[妙芽] 주림신의 해탈이로다.

"만약 중생이 한 번만 부처님을 보면 반드시 깊은 신심의 바다에 들어가게 된다."라고 하였다. 과연 부처님은 무엇이며 어떤 분인가. 금강경에는 "만약 형색으로써 나를 보거나 음성으로써 나를 구하면 이 사람은 삿된 도를 행하는 것이다. 결코 여래를 보지 못할 것이다."[3]라고 하였다.

---

3) 若以色見我 以音聲求我 是人行邪道 不能見如來.

일모소집제공덕　　　겁해선양불가진
一毛所集諸功德을　　**劫海宣揚不可盡**이니

제불방편난사의　　　정엽능명차심의
諸佛方便難思議어　　**淨葉能明此深義**로다

한 터럭에 모인 모든 공덕을
오랜 겁을 선양해도 다할 수 없어
모든 부처님의 온갖 방편 생각하기 어려움이여
길상정엽 주림신이 이 깊은 뜻을 밝혔네.

부처님의 한 터럭에 모인 공덕이나 한 몸에 모인 공덕이나 부증불감이다. 마치 바다의 물이 한 방울의 물이나 바다 전체의 물이나 그 물맛은 하나인 것과 같다. 부처님의 공덕은 어디에 있든 무량아승지다. 그 공덕은 중생을 교화하는 온갖 방편이다.

아념여래어왕석　　　공양찰진무량불
我念如來於往昔에　　**供養刹塵無量佛**하사

일일불소지점명　　　차염장신지소요
一一佛所智漸明하시니　　**此焰藏神之所了**로다

내가 생각하니 여래가 지난 옛적에
세계의 먼지 수와 같은 한량없는 부처님께 공양 올리사
낱낱 부처님 처소에서 지혜 점점 밝으시니
이것은 수포염장 주림신이 안 것이로다.

 부처님이 과거에 수행하셔서 부처님이 되신 그 수행이란 다름 아닌 세계의 먼지 수와 같은 한량없는 부처님께 공양을 올린 일이다. 화엄경의 불교는 성불하기 위한 수행도 무수한 사람과 무수한 생명들을 부처님으로 받들어 섬기며 공양 공경 찬탄하고 예배하는 일이며, 부처님이 된 뒤에도 역시 중생 교화를 위한 일은 무수한 사람과 무수한 생명들을 부처님으로 받들어 섬기며 공양 공경 찬탄하고 예배하는 일이다.

일 체 중 생 제 행 해
一切衆生諸行海를

여 시 광 대 무 애 지
如是廣大無礙智여

세 존 일 념 실 요 지
世尊一念悉了知하시니

묘 장 엄 신 능 오 입
妙莊嚴神能悟入이로다

일체 중생의 모든 행위의 바다를
세존이 한 생각에 다 아시니
이와 같이 넓고 큰 걸림 없는 지혜에
묘장엄광 주림신이 깨달아 들어갔네.

중생의 행위란 어떻게 생각하면 빤한 일이라고 할 수 있다. 탐·진·치·아만·질투와 같은 다섯 가지 독과 다섯 가지 욕락欲樂과 8만4천 번뇌를 좇아 다니는 행위들이다. 세존께서는 이와 같은 중생들의 행위를 걸림 없는 지혜로 환하게 다 아신다.

항 연 여 래 적 묘 음
恒演如來寂妙音하사

보 생 무 등 대 환 희
普生無等大歡喜하야

수 기 해 욕 개 영 오
隨其解欲皆令悟케하시니

차 시 뇌 음 소 행 법
此是雷音所行法이로다

여래의 고요하고도 미묘한 소리를 항상 연설하사
짝할 수 없는 큰 기쁨을 널리 내시어
이해와 욕망 따라 깨닫게 하시니

이것은 가의뇌성[雷音] 주림신이 행한 법일세.

바다와 같이 넓고 큰 이 화엄경은 실로 여래의 고요하고도 미묘한 진리의 소리이시다. 화엄경 한 구절만 읽어도 큰 기쁨이 절로 샘솟는다. 읽는 구절구절마다 믿음과 이해를 따라 깨닫게 한다.

여래시현대신통
如來示現大神通하사
시방국토개주변
十方國土皆周徧하야
불석수행실영견
佛昔修行悉令見케하시니
차보향광소입문
此普香光所入門이로다

여래가 큰 신통을 나타내 보이사
시방 국토에 두루 차서
부처님의 옛적 수행을 다 보게 하시니
이것은 향광보변[普香光] 주림신이 들어간 문이로다.

여래의 신통이란 무엇인가? 세계에 널리 펼쳐져 있는 불교의 가르침이다. 그 가르침들은 모두 옛적 수행에 의한 것이다. 그러므로 가르침을 알면 곧 여래의 옛적 수행을 다 보고 다 아는 것이 된다.

중생험피불수덕 　　　　미혹침류생사중
衆生諂詖不修德하고　　**迷惑沈流生死中**이어늘

위피천명중지도 　　　　차묘광신지소견
爲彼闡明衆智道하시니　**此妙光神之所見**이로다

중생이 간사하여 덕을 닦지 않고
미혹하여 생사 중에 빠져 있거늘
그들을 위해 갖가지 지혜를 밝게 여시니
이것은 묘광형요 주림신이 본 것이로다.

중생들의 특징은 모든 문제를 본심대로 정직하게 바라보고 대하려 하지 않고 먼저 꾀를 부리고 머리를 돌리는 것이다. 그것을 간사한 생각이라고 한다. 그것은 덕을 닦는 일과는 거리가 멀다. 덕을 닦지 못하니 생사의 바다에 표류할 수밖에 없다. 부처님은 그와 같은 중생들을 불쌍히 여겨 지혜의 길을 밝혔다.

불 위 업 장 제 중 생 　　　　경 어 억 겁 시 내 현
佛爲業障諸衆生하사　　**經於億劫時乃現**하시며

기 여 염 념 상 영 견　　　　차 미 광 신 소 관 찰
其餘念念常令見케하시니　**此味光神所觀察**이로다

부처님이 업장 많은 중생들을 위해서
억겁 세월 지난 뒤에 나타나지만
그런 뒤에 순간순간 늘 보게 하시니
이것은 화과광미 주림신이 관찰하였네.

　중생의 문제를 미혹과 업장과 고통이라고 한다. 그 모든 것은 지혜가 없고 어리석어서 생긴 일이다. 지혜가 없이 미혹하기 때문에 업장을 짓고, 업장을 지음으로 그 업에 따른 고통을 받는다. 이와 같은 문제를 해결하게 하신 부처님을 얼마 만에 만났는가. 이미 만났다면 가르침을 통해서 순간순간 볼 수 있어야 한다.

33. 주산신 대중들의 득법과 게송

1) 득법

부차 보봉개화주산신 득입대적정광명해
復次寶峰開華主山神은 **得入大寂定光明解**

탈 문
脫門하니라

다시 또 보봉개화寶峰開華 주산신은 크고 고요한 선정의 광명에 들어가는 해탈문을 얻었습니다.

주산신主山神이란 산을 맡아서 관장하는 신이다. 이 지구가 맨 처음 생겨났을 때는 지금과 같은 산은 없었을 것이다. 그러나 지금은 산을 제외하고는 사람이 사는 환경을 생각할 수 없다. 산이 있어서 물이 있고 개울이 있고 내[川]가 있고 강이 있고 바다가 있다. 산이 있어서 나무가 있고 나무가 있어서 땔나무를 채취하고 재목을 채취하고 집을 짓는다. 이름난 훌륭한 절들은 모두 산을 의지하고 세워졌다. 그러므로 절마다 산신을 모시는 산신각이 있어서 산신불공을 하고 산신기도를 한다. 우리나라에 산신에 관한 학설은 너무도 많다. 처녀산신, 할머니산신, 할아버지산신 등 곳곳마다 산신기도의 영험 이야기가 참으로 구구하다. 그래서 그냥 신이 아니라 산은 곧 보살이요 부처님이다. 화엄성중으로 자리매김하기에는 너무나 당연하다. 산은 고요하다. 그래서 고요한 산사라고 한다. 첫 득법이 "크고 고요한 선정의 광명에 들어가는 해탈문을 얻었다."고 하였다.

華林妙髻主山神은 得修習慈善根하야 成熟不可思議數衆生解脫門하니라

화림묘계華林妙髻 주산신은 자비의 선근을 닦아서 불가사의한 수의 중생을 성숙케 하는 해탈문을 얻었습니다.

아무리 작은 선행과 공부라 하더라도 그것을 자비심으로 중생에게 나누려는 마음이 있어야 한다. 나누고 회향하려는 마음이 없는 선행과 공부는 에고이며 소승이다. 그와 같은 의미에서 볼 때 자비의 선근이란 선근 중에서 가장 중

요한 선근이다. 그와 같은 선근으로 불가사의한 많은 수의 중생을 성숙시킨다.

고당보조주산신 득관찰일체중생심소락
高幢普照主山神은 **得觀察一切衆生心所樂**하야
엄정제근해탈문
嚴淨諸根解脫門하니라

고당보조高幢普照 주산신은 일체 중생들의 마음에 즐기는 바를 관찰하여 모든 육근六根을 청정하게 하는 해탈문을 얻었습니다.

일체 중생들의 즐기는 바를 관찰하여 6근을 모두 청정하게 하는 수행은 무엇인가? 평범한 중생으로서는 자나깨나 화엄경을 마음에 모시고 공부하고 화엄성중을 외면서 하루를 시작하고 하루를 마감하는 생활이다. 그것보다 더 훌륭한 수행법은 없으리라. 주산신의 이름이 고당보조高幢普照다. 산은 높다. 높은 산에 올라가면 멀리 바라볼 수 있다. 이와 같이 높고 높은 화엄경을 공부하면 세상도 인생도 모두 널리 그리고 멀리 바라볼 수 있을 것이다.

이진보계주산신　　　득무변겁해　　근정진무
離塵寶髻主山神은 **得無邊劫海**에 **勤精進無**
염태해탈문
厭怠解脫門하니라

이진보계離塵寶髻 주산신은 끝없는 겁 동안 부지런히 정진해서 게으르지 않는 해탈문을 얻었습니다.

오래고도 오랜 세월을 부지런히 정진해서 게으르지 않는 삶은 보살로서 또는 불자로서 바람직한 삶의 모습이다. 부처님이 열반에 들기 전에 제자들에게 당부하신 말씀도 게으르지 말고 부지런히 정진하라는 것이었다.

광조시방주산신　　　득이무변공덕광　　보각
光照十方主山神은 **得以無邊功德光**으로 **普覺**
오해탈문
悟解脫門하니라

광조시방光照十方 주산신은 끝없는 공덕의 광명으로 널리 깨닫는 해탈문을 얻었습니다.

끝없는 공덕의 광명이란 얼마나 훌륭한 말인가. 만약 그와 같은 광명을 갖춘 사람이 주변에 있다면 큰 감동을 받을 것이다. 소인배들만 들끓고 있는 이 시대에 말만으로도 듣는 사람을 환희하게 한다.

대력광명주산신 득능자성숙 부영중생
大力光明主山神은 **得能自成熟**하고 **復令衆生**

사리우미행해탈문
으로 **捨離愚迷行解脫門**하니라

대력광명大力光明 주산신은 능히 스스로 성숙하고 다시 중생들에게 어리석은 행을 떠나게 하는 해탈문을 얻었습니다.

스스로 성숙한 사람이 되어 가슴에 온갖 지혜와 복덕의 빛을 갈무리하고 그 빛이 저절로 발산하여 인연이 있는 사람들의 어리석음을 깨우친다면 그 사람의 일생은 더 바랄 것이 없으리라.

위 광 보 승 주 산 신　　　득 발 일 체 고　　　사 무 유 여
威光普勝主山神은 **得拔一切苦**하야 **使無有餘**
해 탈 문
解脫門하니라

위광보승威光普勝 주산신은 모든 고통을 빼내어 남음이 없게 하는 해탈문을 얻었습니다.

부처님이 하시는 일은 일체 중생들의 모든 고통을 빼내어 하나도 남음이 없게 하고 즐겁고 편안한 삶을 살도록 하는 일이다. 불교도 역시 이와 같은 일이 목적이다.

미 밀 광 륜 주 산 신　　　득 연 교 법 광 명　　　현 시 일
微密光輪主山神은 **得演敎法光明**하야 **顯示一**
체 여 래 공 덕 해 탈 문
切如來功德解脫門하니라

미밀광륜微密光輪 주산신은 교법의 광명을 연설하여 모든 여래의 공덕을 나타내 보이는 해탈문을 얻었습니다.

불교란 교법의 광명을 널리 연설해서 중생들을 교화하는 일이다. 교법 중에도 근기와 수준에 맞추느라고 여러 가지가 있게 되었다. 가능하면 방편을 떠난 정법을 전하는 것이 서로에게 이익이 된다. 정법 중에서도 이와 같은 화엄경을 공부할 수 있게 된다면 최상의 이익이 되리라. 세존께서 열반에 들기 직전에 유언으로 하신 말씀이 있다. 법사의法四義라는 가르침이다. "요의경了義經을 의지하고 불요의경不了義經은 의지하지 말라. 법을 의지하고 사람을 의지하지 말라. 뜻에 의지하고 말에 의지하지 말라. 지혜에 의지하고 의식에 의지하지 말라."는 것이다.

보안현견주산신　　등영일체중생　　내지어
普眼現見主山神은 得令一切衆生으로 乃至於
몽중　　증장선근해탈문
夢中에 增長善根解脫門하니라

보안현견普眼現見 주산신은 모든 중생에게 현실에서나 꿈속에서까지 선근을 증장케 하는 해탈문을 얻었습니다.

이 얼마나 지극하신 말씀인가. 선근을 닦고, 닦은 선근을 증장시키는 일은 사람으로서 무엇보다 우선하는 일이다. 현실에서는 당연히 해야 할 일이며 심지어 꿈속에서라도 반드시 선근을 닦고, 닦은 선근을 더욱 증장시켜 나가야 한다. 세상 모든 사람들이 다 같이 착한 일만 한다면 그 얼마나 신뢰가 가는 아름답고 향기로운 세상이 되겠는가.

금 강 견 고 안 주 산 신　　득 출 현 무 변 대 의 해 해
金剛堅固眼主山神은 **得出現無邊大義海解**
탈 문
脫門하니라

금강견고안金剛堅固眼 주산신은 그지없는 큰 이치의 바다를 나타내는 해탈문을 얻었습니다.

그지없는 큰 이치의 바다란 곧 화엄경의 바다다. 화엄경

을 제외하고 다시 무슨 큰 이치의 바다가 있겠는가. 화엄경을 잘 공부하여 깊이 이해하는 것이 자기 자신에게 큰 이치의 바다를 나타내는 일이다.

2) 게송

_{이시} _{개화잡지주산신} _{승불위력} _{보관}
爾時에 **開華市地主山神**이 **承佛威力**하사 **普觀**

_{일체주산신중} _{이설송언}
一切主山神衆하고 **而說頌言**하사대

그때에 개화잡지開華市地 주산신이 부처님의 위신력을 받들어 일체 주산신 대중들을 두루 살피고 게송으로 말하였습니다.

_{왕수승행무유변} _{금획신통역무량}
往修勝行無有邊일새 **今獲神通亦無量**이라

_{법문광벽여진수} _{실사중생심오희}
法門廣闢如塵數하사 **悉使衆生深悟喜**로다

옛적에 닦은 수승한 수행 그지없고
지금 얻은 신통 또한 한량이 없네.
법문을 널리 열어 티끌 수 같으사
중생들로 하여금 다 깊이 깨달아 기쁘게 하네.

부처님은 옛날에 닦은 수행과 공덕이든, 지금 닦은 수행과 공덕이든, 모두 그 수는 무량하지만 일체가 중생들을 깊이 깨달아 기쁘게 하려는 마음뿐이다.

중상엄신변세간　　　　　모공광명실청정
衆相嚴身徧世間이여　　**毛孔光明悉清淨**하사

대자방편시일체　　　　　화림묘계오차문
大慈方便示一切케하시니 **華林妙髻悟此門**이로다

온갖 상相으로 몸을 장엄하여 세간에 두루 함이여
모공毛孔의 광명까지 다 청정하사
큰 자비 방편으로 일체 중생에게 보이시니
화림묘계 주산신이 이 문을 깨달았네.

부처님의 특별한 상호를 32상과 80종호라고 한다. 하지만 부처님은 터럭 하나하나와 세포 하나하나가 모두 훌륭하고 뛰어난 상호다. 그대로가 다 부처님이기 때문이다. 감나무는 뿌리에서부터 몸통과 가지와 줄기와 잎까지 모두가 감나무인 것과 같다. 부처님은 큰 자비의 상이요, 큰 지혜의 상이요, 큰 복덕의 상이다.

불신보현무유변
佛身普現無有邊이여

시방세계개충만
十方世界皆充滿하사

제근엄정견자희
諸根嚴淨見者喜하니

차법고당능오입
此法高幢能悟入이로다

부처님의 몸 널리 나타나 그지없어
시방세계에 다 충만하사
모든 근根이 장엄하고 깨끗하여 보는 이가 기뻐하니
이 법은 고당보조 주산신이 깨달아 들어갔네.

부처님의 몸이 널리 나타나 그 끝이 없어서 시방세계에 충만하다면 이 세상 천지만물과 산천초목 두두물물이 모두 부처님의 몸이라는 뜻이다. 시방세계에 충만한 것이 따로 있고, 산천초목과 천지만물이 따로 있지 않기 때문이다. 모든 근根이 장엄하고 깨끗하여 보는 이가 기뻐한다면 천지만물과 산천초목이 모두 부처님의 육근이며 그것을 보고 부처님의 육근으로 여겨 기뻐한다는 뜻이다. 즉 산천초목이면서 부처님의 몸이고 부처님의 몸이면서 곧 산천초목이다. 화엄경은 결국 이와 같이 이해해야 한다.

역 겁 근 수 무 해 권
歷劫勤修無懈倦이여
불 염 세 법 여 허 공
不染世法如虛空하사
종 종 방 편 화 군 생
種種方便化群生하시니
오 차 법 문 명 보 계
悟此法門名寶髻로다

오랜 세월 부지런히 닦아 게으름 없고
세상 법에 물들지 않기에 허공 같으사
갖가지 방편으로 중생을 교화하시니
이 법문을 깨달은 이는 이구보계 주산신이로다.

부처님은 세상에 살되 세상 법에 물들지 않는다. 세상 법에 물들지 않으면서 세상을 누구보다도 잘 아신다. 마치 구름을 스치고 지나가는 달과 같다. 중생을 제도하되 그와 같이 제도한다.

중생맹암입험도   불애민피서광조
衆生盲闇入險道어늘   **佛哀愍彼舒光照**하사

보사세간종수각   위광오차심생희
普使世間從睡覺케하시니 **威光悟此心生喜**로다

중생들이 눈이 어두워 험한 길에 들어가거늘
부처님은 그들이 안쓰러워 광명을 비추사
세간 사람들 잠에서 깨게 하시니
광조시방[威光] 주산신이 이것을 깨닫고 기뻐하였네.

중생들이 고통을 받는 것은 자연재해 때문이기도 하고, 정치인들이 정치를 잘못해서 고통을 받는 경우도 있다. 부모들이 가정을 잘 다스리지 못해서 자녀들이 고통을 받는 경우도 있다. 그러나 그 근본 원인은 대개 지혜가 없고 눈이 어두워서 스스로 고통을 자초하는 경우가 많다. 그러므로

부처님은 지혜의 가르침으로 사람들을 캄캄한 잠에서 깨어나게 하여 지혜의 광명을 비추신다.

석재제유광수행
昔在諸有廣修行하사대   공양찰진무수불
供養刹塵無數佛하사

영중생견발대원
令衆生見發大願케하시니   차지대력능명입
此地大力能明入이로다

옛적에 세상에서 널리 수행하실 때
세계의 먼지 수와 같은 무수한 부처님께 공양 올리사
중생들이 보고는 큰 서원 내게 하시니
이러한 지위에는 대력광명 주산신이 밝게 들어갔네.

    불교에서 말하는 수행이란 무엇인가? 법화경이나 화엄경과 같은 대승불교 경전에서는 모든 사람, 모든 생명들을 부처님으로 이해하여 받들어 섬기고 공양 공경 존중 찬탄하는 일을 가장 훌륭한 수행이라고 하였다. 이와 같이 바른 수행을 중생들이 보고는 따라서 큰 서원을 발하게 된다.

견제중생유전고   일체업장항전부
見諸衆生流轉苦와   **一切業障恒纏覆**하시고

이지혜광실멸제   차보승신지해탈
以智慧光悉滅除하시니   **此普勝神之解脫**이로다

모든 중생이 고통에 유전하고

온갖 업장에 항상 덮여 있음을 보고

지혜의 광명으로 다 소멸하시니

이것은 위광보승 주산신의 해탈이로다.

불교가 해야 하는 일은 이와 같이 사람들이 소외되고 힘들고 어려워서 고통 받는 것을 일일이 살펴보고 부처님이 가르치신 지혜의 광명을 환하게 비추어서 그들의 고통을 소멸하여 주는 일이다. 이것이 진정한 불교다.

일일모공출묘음   수중생심찬제불
一一毛孔出妙音하사   **隨衆生心讚諸佛**하사대

실변시방무량겁   차시광륜소입문
悉徧十方無量劫하시니   **此是光輪所入門**이로다

낱낱 모공毛孔에서 아름다운 음성을 내어
중생들의 마음 따라 부처님을 찬탄하사
시방에서 한량없는 겁 동안 두루 하시니
이것은 미밀광륜 주산신이 들어간 문이로다.

화엄경은 글자 한 자 한 자마다 모두가 부처님이며, 부처님의 음성이며, 부처님 진리의 가르침이며, 부처님의 눈부신 광명이다. 읽고 음미하고 사유하면 부처님을 찬탄하지 않을 수 없다. 화엄경을 찬탄하지 않을 수 없다. 온 시방세계에서 미래 겁이 다하도록 찬탄하여도 다하지 못하리라.

불변시방보현전
佛徧十方普現前하사

종종방편설묘법
種種方便說妙法하야

광익중생제행해
廣益衆生諸行海하시니

차현견신지소오
此現見神之所悟로다

부처님이 시방에 널리 나타나서
갖가지 방편으로 미묘한 법을 연설하사
중생에게 이익 주는 온갖 행을 하시니

이것은 보안현견 주산신이 깨달은 바로다.

불교에는 방편이 대단히 많다. 방편의 본래의 취지는 부처님의 대승법인 미묘한 법을 설해 주려는 것이었다. 법화경이나 화엄경과 같은 최상승의 가르침으로 사람으로서의 가치를 한껏 누리게 하려는 것이었다. 그런데 방편 본래의 목적은 상실하고 방편을 위한 방편만 남아 있게 되었다. 이러한 사실을 널리 일깨워야 할 것이다.

법문여해무변량
法門如海無邊量을

일음위설실영해
一音爲說悉令解하사대

일체겁중연불궁
一切劫中演不窮하시니

입차방편금강목
入此方便金剛目이로다

법문이 바다 같아 한량없으나
한 소리로 연설하여 다 알게 하되
일체 겁을 연설해도 다함 없으시니
이 방편에 들어간 이는 금강견고안 주산신이로다.

화엄경만 하더라도 그 말씀이 바다와 같아서 한량이 없다. 그 외의 다른 경전들은 또 얼마나 많은가. 그 많은 가르침을 한 소리로 연설하여 다 알게 한다고 하였다. 그 한 소리란 모든 사람 모든 생명이 다 부처님이라는 사실이다. 이 사실은 일체 겁이 다하도록 연설해도 다함이 없으리라.

34. 주지신 대중들의 득법과 게송

1) 득법

부차 보덕정화 주지신 득이자비심 염념
復次普德淨華主地神은 **得以慈悲心**으로 **念念**
보관일체중생해탈문
普觀一切衆生解脫門하니라

다시 또 보덕정화普德淨華 주지신은 자비심으로 순간순간 일체 중생을 널리 관찰하는 해탈문을 얻었습니다.

주지신主地神이란 땅을 맡아서 관장하는 신이다. 땅이란

무엇인가. 우선 사람은 땅을 딛고 앉고 서고 걸어간다. "땅에서 넘어진 자는 땅을 짚고 일어난다."라는 말이 있다. 사람뿐만 아니라 산천초목도 모두 땅을 의지하여 그렇게 존재한다. 일체 건물도 땅을 의지해서 그렇게 서 있고, 자동차도 비행기도 모두 땅을 의지해서 달리고 날아간다. 땅이 없다면 아무것도 생각할 수 없다. 실로 땅의 존재감은 무한하다. 어찌 신이 아니며 보살이 아니며 부처님이 아니겠는가.

인연이 있어서 만나는 사람들마다 일일이 자비심으로 대하는 자세는 불교를 믿는 사람들의 기본 정신이다. 보살은 매 순간 일체 중생을 다 같이 자비심으로 관찰한다. 마치 땅의 역할과 같다.

견복장엄주지신
堅福莊嚴主地神은 득보현일체중생복덕력
得普現一切衆生福德力
해탈문
解脫門하니라

견복장엄堅福莊嚴 주지신은 일체 중생들의 복덕의 힘을 널리 나타내는 해탈문을 얻었습니다.

땅은 견고하다. 견고한 것이 땅의 장엄이며, 땅의 특징이며, 땅의 복덕이다. 땅은 이러한 복덕의 힘으로 세상 만물을 다 싣고 있다. 땅은 세상 만물을 다 싣고 있어도 한 번도 무겁다거나 싫증이 난다거나 하지 않는다. 땅은 그대로 보살의 마음이며 부처님의 마음이다.

묘화엄수주지신 득보입제법   출생일체
妙華嚴樹主地神은 **得普入諸法**하야 **出生一切**
불찰장엄해탈문
佛刹莊嚴解脫門하니라

묘화엄수妙華嚴樹 주지신은 모든 법에 널리 들어가서 일체 부처님 세계의 장엄을 출생하는 해탈문을 얻었습니다.

모든 법이란 유형 무형의 일체 사물과 그 사물들이 변화하는 사건들이다. 그러므로 세상만사가 모든 법이라는 의미 속에 다 포함된다. 이 모든 법에 일일이 다 들어가서 일체 세계의 장엄을 출생하는 것은 땅이 가진 공능을 밝히면서 한편

화엄에서 바라본 사사무애의 이치를 그대로 표현한 것이다.

普散衆寶主地神은 得修習種種諸三昧하야 令衆除障垢解脫門하니라

보산중보普散衆寶 주지신은 갖가지 모든 삼매를 닦아서 중생들에게 업장의 때를 없애는 해탈문을 얻었습니다.

드넓은 지구상에서 어느 땅인들 소중하지 않겠는가. 주지신의 이름이 보산중보普散衆寶다. 갖가지 보물로써 골고루 널리 흩는다는 의미다. 기름진 논밭이나, 척박한 자갈밭이나, 무더운 열대지방의 땅이나, 온대지방의 땅이나, 북극의 동토나, 남극의 땅이나 실은 다 같이 소중하고 또 중요하다.

정 목 관 시 주 지 신　　　득 영 일 체 중 생　　　상 유 희
淨目觀時主地神은 **得令一切衆生**으로 **常遊戱**

쾌 락 해 탈 문
快樂解脫門하니라

정목관시淨目觀時 주지신은 모든 중생들이 항상 유희 쾌락하게 하는 해탈문을 얻었습니다.

모든 존재의 실상을 깨달아 어디에도 끌리거나 집착하지 아니하고 중도적 관점에서 유유자적하는 삶이 곧 항상 유희 쾌락하는 삶이리라.

　　　　　금 색 묘 안 주 지 신　　　득 시 현 일 체 청 정 신　　　조
金色妙眼主地神은 **得示現一切淸淨身**하야 **調**

복 중 생 해 탈 문
伏衆生解脫門하니라

금색묘안金色妙眼 주지신은 여러 가지 청정한 몸을 나타내어 중생을 조복하는 해탈문을 얻었습니다.

가지가지 중생들을 교화하고 조복하려면 중생의 근기와 수준과 상황에 맞는 몸을 현신할 수 있어야 하리라.

<small>향 모 발 광 주 지 신　　득 요 지 일 체 불 공 덕 해 대</small>
香毛發光主地神은 **得了知一切佛功德海大**
<small>위 력 해 탈 문</small>
威力解脫門하니라

향모발광<small>香毛發光</small> 주지신은 모든 부처님의 공덕바다와 큰 위력을 밝게 아는 해탈문을 얻었습니다.

모든 부처님의 공덕바다와 큰 위신력을 밝게 아는 길은 모든 사람이 부처님의 능력과 공덕과 위신력과 지혜를 모두 갖추고 있다는 사실을 스스로 깊이 믿고 그 믿음으로 당당하게 살아갈 때 알게 된다.

<small>적 음 열 의 주 지 신　　득 보 섭 지 일 체 중 언 음 해</small>
寂音悅意主地神은 **得普攝持一切衆言音海**

해 탈 문
解脫門하니라

적음열의寂音悅意 주지신은 온갖 중생들의 음성바다를 거두어 지니는 해탈문을 얻었습니다.

온갖 중생들의 말을 다 알고 다 거두어 지닌다면 불법을 널리 펴서 중생을 교화하는 데 큰 도움이 되리라. 우리나라도 이제는 영어를 모르면 사람 노릇을 못하게 된 시대가 되었다. 그러므로 영어를 모르면 어디에 나서서도 안 되며 나설 수도 없다. 다른 나라의 언어를 안다고 하는 것은 그처럼 중요한 일이다.

묘화선계주지신   득충만불찰이구성해탈
妙華旋髻主地神은 **得充滿佛刹離垢性解脫**
문
門하니라

묘화선계妙華旋髻 주지신은 온 세계에 가득한 때를 떠난 성품의 해탈문을 얻었습니다.

온 세계에 가득한 모든 존재가 이미 때를 떠난 청정한 성품이다. 때는 그 어디에도 없다. 모두 청정뿐이다. 번뇌는 본래 없다. 오로지 지혜 광명뿐이다.

금 강 보 지 주 지 신　　득 일 체 불 법 륜 소 섭 지
金剛普持主地神은 **得一切佛法輪所攝持**로
보 출 현 해 탈 문
普出現解脫門하니라

금강보지金剛普持 주지신은 모든 부처님의 법륜으로 거두어들여서 널리 출현하는 해탈문을 얻었습니다.

진정한 불자는 가나 오나 부처님의 정법으로 무장하고 살아야 한다. 언제나 불법으로써 당당해야 한다. 아직 성숙하지 못한 불자는 자신이 불교를 믿는다는 사실마저 감추는 경우가 있다. 불법에 대한 이해가 부족하고 믿음이 견고하지 못하기 때문이다.

2) 게송

이시　보덕정화주지신　승불위력　　보관
爾時에 **普德淨華主地神**이 **承佛威力**하사 **普觀**

일체주지신중　　이설송언
一切主地神衆하고 **而說頌言**하사대

　그때에 보덕정화普德淨華 주지신이 부처님의 위신력을 받들어 모든 주지신 대중들을 널리 관찰하고 게송으로 말하였습니다.

여래왕석염념중　　　　대자비문불가설
如來往昔念念中에　　**大慈悲門不可說**이라

여시수행무유이　　　　고득견뢰불괴신
如是修行無有已실새　**故得堅牢不壞身**이로다

여래의 지난 옛적 순간순간에

크나큰 자비의 문 이루 말할 수 없어

이러한 수행이 끝이 없을 새

그러므로 견고하여 무너지지 않는 몸 얻으셨네.

　부처님의 가르침은 세월이 흐를수록 더욱 빛이 난다. 참으로 무너지지 않는 견고한 몸이라고 할 만하다. 무슨 까닭인가. 여래께서는 지난 옛적 끝없는 세월에 순간순간마다 큰 자비를 베푸시어 쉬지 않으셨다. 그로 인하여 이와 같이 불법이 세월이 흐를수록 더욱 빛이 나는 것이다.

삼세중생급보살
三世衆生及菩薩의

소유일체중복취
所有一切衆福聚를

실현여래모공중
悉現如來毛孔中하시니

복엄견이생환희
福嚴見已生歡喜로다

과거 현재 미래의 중생들과 보살들이
가지고 있는 온갖 복의 무더기를
여래의 모공毛孔에 다 나타내시니
견복장엄 주지신이 보고는 기뻐하였네.

중생이니 성문이니 연각이니 보살이니 하는 이름은 형식적인 이름이다. 그 실체는 모두 여래다. 하나의 여래에서 이런저런 인연으로 이름을 달리하게 되었다. 다른 이름으로 가지고 있는 복의 무더기가 아무리 많다 하더라도 그 근본은 모두 여래에서 파생되었기 때문에 여래의 모공毛孔에 다 나타낸다고 하였다.

광대적정삼마지
廣大寂靜三摩地여

불생불멸무래거
不生不滅無來去호대

엄정국토시중생
嚴淨國土示衆生하시니

차수화신지해탈
此樹華神之解脫이로다

넓고 크고 고요한 저 삼마지三摩地는
나지도 아니하고 멸하지도 아니하고 오고 감도 없으나
엄정嚴淨한 국토를 중생에게 보이시니
이것은 묘화엄수 주지신의 해탈이로다.

삼마지三摩地는 삼매三昧와 같은 말이다. 선정禪定이라고도 한다. 계·정·혜 삼학 중의 하나다. 일반적인 해석은 잡념을 떠나서 오직 하나의 대상에만 정신을 집중하는 경지를 말한다. 이 경지에서 바른 지혜를 얻고 대상을 올바르게 파악하게 된다. 화엄경에는 열 가지 삼매를 설하는 십정품十定品도 있다. 그 외에도 화엄삼매니 해인삼매니 하는 이름의 온갖 삼매가 등장한다. 그와 같이 삼매는 불교에서 매우 중요한 수행이다. 화엄경에서의 삼매는 잡념을 떠나서 오직 하나의 대상에만 정신을 집중하는 것과는 달리 '현상 그대로가 삼매'라고 한다. 현상은 본래 "나지도 아니하고 멸하지도 아니하고 오고 감도 없다." 이 국토 이 세상이 그대로 장엄하고 청정하다. 현실이 그대로 삼매며, 삼매가 그대로 이 현실이다.

불 어 왕 석 수 제 행
佛於往昔修諸行하사

위 영 중 생 소 중 장
爲令衆生銷重障하시니

보 산 중 보 주 지 신
普散衆寶主地神이

견 차 해 탈 생 환 희
見此解脫生歡喜로다

부처님이 지난 옛적 여러 행을 닦으사
중생들의 무거운 업장 소멸케 하시니
보산중보 주지신이
이 해탈을 보고 기뻐하였네.

주지신의 이름이 보산중보普散衆寶다. 부처님이 옛적에 수

행하신 모든 지혜와 자비의 보물을 중생들에게 두루두루 흩어서 베푸신다. 중생들은 그 지혜와 자비의 보물을 얻어 온갖 무거운 업장을 다 소멸한다.

여래경계무변제
如來境界無邊際하사 염념보현어세간
念念普現於世間하시니

정목관시주지신
淨目觀時主地神이 견불소행심경열
見佛所行心慶悅이로다

여래의 경계는 끝이 없으사
순간순간 세간에 널리 나타나시니
정목관시 주지신이
부처님의 행을 보고 마음에 기뻐하였네.

순간순간 우리가 보고 듣고 느끼고 알고 있는 이 모든 현상이 그대로 여래의 경계며 화엄의 경계다. 이와 같은 여래의 경계와 화엄의 경계를 보고 듣고 느끼고 알면서도 다만 그것이 여래로서 여래의 경계며 화엄의 경계인 줄 알지 못할 뿐이다. 마치 태양이 아무리 밝게 빛나도 맹인은 세상이 어

둡다고만 하는 것과 같다. 애석하고 애석한 일이다. 이러한 사실을 알고 있는 부처님은 연민심과 애민심이 얼마나 크겠는가. 부처님의 깨어 있는 청정한 안목으로 세상을 본다는 주지신이다.

묘음무한부사의
妙音無限不思議라

보위중생멸번뇌
普爲衆生滅煩惱하시니

금색안신능요오
金色眼神能了悟하야

견불무변승공덕
見佛無邊勝功德이로다

묘한 음성 한이 없고 부사의하여
중생들의 번뇌를 다 소멸하시니
금색묘안 주지신이 잘 깨달아
부처님의 그지없이 훌륭한 공덕 보았네.

부처님의 그지없이 훌륭한 공덕을 보려면 불가사의한 미묘한 음성, 즉 깊고 깊은 진리의 가르침을 듣고 깨달아야 한다.

일체색형개화현   시방법계실충만
一切色形皆化現하사   **十方法界悉充滿**하시니

향모발광상견불   여시보화제중생
香毛發光常見佛의   **如是普化諸衆生**이로다

여러 가지 빛과 모양 환하게 나타내사
시방의 온 법계에 충만하시니
향모발광 주지신이
부처님의 이러한 중생 교화를 항상 보았네.

시방의 온 법계에 두루두루 펼쳐져 있는 일체의 색상과 형상들은 모두 진여자성이 변화하여 나타난 모습이다. 그러므로 일체의 색상과 형상들은 곧 진여자성이며, 진여자성은 곧 일체의 색상과 형상들이다. 이와 같은 사실을 깨달으면 부처님이 모든 중생들을 교화한 것이 된다.

묘음보변어시방   무량겁중위중설
妙音普徧於十方하사   **無量劫中爲衆說**하시니

열의지신심요달   종불득문심경희
悅意地神心了達하야   **從佛得聞深敬喜**로다

미묘한 음성 시방에 널리 두루 하사
한량없는 겁 동안 중생 위해 설하시니
적음열의 주지신이 마음에 통달하여
부처님께 듣고 매우 기뻐하였네.

소동파거사의 선시에 "시냇물 흐르는 소리가 부처님의 광장설법이라네. 그런데 어찌 산천초목들이 청정법신 비로자나 부처님이 아니겠는가. 밤이 되니 8만4천 게송이나 되는 것을 다른 날 어찌 사람들에게 알릴 수 있으랴."라는 구절이 있다. 산하대지와 산천초목은 모두가 청정법신 비로자나 부처님이요, 세상의 모든 소리는 그대로 부처님의 광장설법이라는 화엄경의 견해를 잘 표현하였다. 소리 없는 부처님의 설법 소리를 듣고 스스로 마음에 깊이 선열락을 느낀다는 적음열의寂音悅意 주지신이다.

불 모 공 출 향 염 운　　　수 중 생 심 변 세 간
佛毛孔出香焰雲하사　　　隨衆生心徧世間이라

일 체 견 자 개 성 숙   차 시 화 선 소 관 처
一切見者皆成熟하니   **此是華旋所觀處**로다

부처님의 모공毛孔에서 향기 서린 구름을 내어
중생들의 마음 따라 세간에 가득 채워
보는 이는 모두 다 성숙되나니
이것은 묘화선계 주지신이 본 곳이로다.

부처님의 깨달음의 가르침은 글자 글자마다 구절 구절마다 향기 서린 구름이다. 그 구름은 중생들의 마음을 따라 세상에 가득하다. 이와 같은 진리의 가르침을 따르고 듣고 배우는 이는 모두 다 성숙하게 된다.

견 고 난 괴 여 금 강   불 가 경 동 유 수 미
堅固難壞如金剛이요   **不可傾動踰須彌**라
불 신 여 시 처 세 간   보 지 득 견 생 환 희
佛身如是處世間하시니   **普持得見生歡喜**이로다

견고하여 무너뜨리기 어려움이 금강과 같고
움직일 수 없는 것이 수미산을 뛰어넘네.

부처님의 몸 이와 같이 세간에 처하시니
금강보지 주지신이 보고는 기뻐하도다.

불신을 금강신이라고도 한다. 불신은 진리의 몸이기 때문이다. 존재의 진리성이 파괴될 수 있겠는가. 다이아몬드처럼 견고하고 수미산처럼 요지부동이다.

35. 주성신 대중들의 득법과 게송

1) 득법

부차보봉광요주성신　득방편이익중생해
復次寶峰光耀主城神은 **得方便利益衆生解**
탈문
脫門하니라

다시 또 보봉광요寶峰光耀 주성신은 방편으로 중생들을 이익케 하는 해탈문을 얻었습니다.

주성신主城神이란 성을 맡아서 관장하는 신이다. 옛날에는 마을마다 도시마다 모두 성을 쌓고 그 성 안에 집을 짓고 모여 살았다. 성에는 사방으로 문이 나 있어서 시간에 맞추어 여닫곤 하였다. 성 안에 사는 백성들을 보호하기 위함이었다. 그래서 성은 백성을 보호하는 보호막이기도 하지만 곧 마을 그 자체며 도시 그 자체다. 마을과 도시가 없는 사람의 삶이 있을 수 있겠는가. 그러므로 성은 곧 화엄성중이며, 도시를 지키는 신이며, 보살이며 부처님이다. 성이라는 방편으로 중생들을 이익하게 한다는 뜻의 득법이다.

묘 엄 궁 전 주 성 신   득 지 중 생 근   교 화 성 숙
妙嚴宮殿主城神은 **得知衆生根**하야 **教化成熟**

해 탈 문
解脫門하니라

묘엄궁전妙嚴宮殿 주성신은 중생의 근기를 알아서 교화하고 성숙케 하는 해탈문을 얻었습니다.

아무리 훌륭한 불법이라도 아무에게나 전해지지 않는

다. 근기와 수준을 잘 알아서 그에게 알맞은 가르침으로 교화하고 성숙시켜야 마음에 스며든다.

청정희보주성신_은 득상환희_{하야} 영일체중생
淸淨喜寶主城神은 得常歡喜하야 令一切衆生

수제복덕해탈문
으로 受諸福德解脫門하니라

청정희보淸淨喜寶 주성신은 늘 기뻐하며 일체 중생에게 여러 가지 복덕을 받게 하는 해탈문을 얻었습니다.

항상 기쁜 마음으로 사람들을 상대하고 진정으로 복덕을 받도록 기원하는 자세는 아름답기 그지없다. 그와 같은 사람은 훌륭하고 기쁨을 주는 인간의 보배다.

이우청정주성신 득구제포외대비장해탈
離憂淸淨主城神은 得救諸怖畏大悲藏解脫

문
門하니라

이우청청離憂淸淨 주성신은 온갖 두려움을 구제해 주는 큰 자비의 창고인 해탈문을 얻었습니다.

사람에게는 여러 가지 두려움이 있지만 근본적으로 늙음의 문제와 병고의 문제와 죽음의 문제에 대한 두려움이 가장 크다. 만약 죽음이 눈앞에 다가오면 두렵고 슬프고 아쉽기가 이루 말할 수 없다. 그리고 온갖 미련을 두고 간다는 마음에서 무어라고 형용할 수 없을 것이다. 불보살은 중생들의 이러한 마음을 다 알기에 큰 자비로 두려움에서 구제해 준다.

화등염안주성신　득보명료대지혜해탈문
華燈焰眼主城神은 **得普明了大智慧解脫門**
하니라

화등염안華燈焰眼 주성신은 넓고 밝은 큰 지혜의 해탈문을 얻었습니다.

불교는 지혜의 종교다. 명료하고 광대한 지혜를 터득하

면 사람이 생각하는 문제는 모두 해결된다. 불교 수행을 간단히 단장斷障과 성덕成德이라고 하는데 온갖 장애와 번뇌를 끊는 것과 복덕과 지혜와 온갖 보살행을 구비하는 일이다. 그런데 그 근원은 명료하고 광대한 지혜에 있다.

염당명현주성신　득보방편시현해탈문
焰幢明現主城神은 **得普方便示現解脫門**하니라

염당명현焰幢明現 주성신은 넓은 방편으로 나타내 보이는 해탈문을 얻었습니다.

중생 교화에 지혜와 자비를 구족하였다면 다음으로는 훌륭한 방편을 나타내 보이는 일이다.

성복위광주성신　득보관찰일체중생　영
盛福威光主城神은 **得普觀察一切衆生**하야 **令**
수광대복덕해해탈문
修廣大福德海解脫門하니라

성복위광盛福威光 주성신은 널리 일체 중생을 관찰해서 넓고 큰 복덕의 바다를 닦게 하는 해탈문을 얻었습니다.

불교가 세상 사람들에게 가르치려고 하는 것 중에 중요한 점은 사람들로 하여금 복덕을 닦도록 하는 일이다. 그래서 복을 받으라는 말보다 복을 지으라는 말을 권장한다.

정광명신주성신 득개오일체우암중생해탈문
淨光明身主城神은 **得開悟一切愚闇衆生解脫門**하니라

정광명신淨光明身 주성신은 모든 어리석은 중생을 깨닫게 하는 해탈문을 얻었습니다.

부처님이 중생을 위해서 하시는 일 중에 가장 중점적으로 생각하시는 것은 일체 중생들의 어리석음을 깨우쳐 주고 지혜를 증득하게 하는 일이다. 그러므로 화엄경과 일체 경전의 설법은 모두 지혜를 열어 주는 가르침이다.

향당장엄주성신　　득관여래자재력　　보변
香幢莊嚴主城神은 **得觀如來自在力**으로 **普徧**

세간　　조복중생해탈문
世間하야 **調伏衆生解脫門**하니라

향당장엄香幢莊嚴 주성신은 여래의 자재한 힘이 세간에 두루 해서 중생을 조복하는 것을 관찰하는 해탈문을 얻었습니다.

부처님 진리의 가르침은 여래의 자재하신 힘이다. 모든 가르침 중에서 으뜸인 이 화엄경이야말로 세상의 모든 사상과 종교와 철학을 지배하고 조복하는 가장 위대한 힘이다.

보봉광목주성신　　득능이대광명　　파일체
寶峰光目主城神은 **得能以大光明**으로 **破一切**

중생장애산해탈문
衆生障礙山解脫門하니라

보봉광목寶峰光目 주성신은 큰 광명으로 일체 중생의 장애산障礙山을 깨뜨리는 해탈문을 얻었습니다.

여래의 큰 광명이란 곧 이 화엄경의 가르침이다. 화엄경이라는 큰 광명으로 세상에서 해결하지 못할 일은 없다. 그 어떤 장애의 산도 다 깨뜨려서 탄탄대로를 만든다. 화엄경의 가르침은 만능열쇠며 요술방망이다. 온갖 신통변화가 다 화엄경에서 나온다.

2) 게송

이시 보봉광요주성신 승불위력 보관
爾時에 **寶峰光耀主城神**이 **承佛威力**하사 **普觀**

일체주성신중 이설송언
一切主城神衆하고 **而說頌言**하사대

그때에 보봉광요寶峰光耀 주성신이 부처님의 위신력을 받들어 모든 주성신 대중들을 널리 관찰하고 게송으로 말하였습니다.

도사여시부사의 광명변조어시방
導師如是不思議라 **光明徧照於十方**하사

중생 현 전 실 견 불 　　　교 화 성 숙 무 앙 수
衆生現前悉見佛하니　　**教化成熟無央數**로다

도사導師가 이처럼 부사의하여

광명이 시방에 두루 비치사

중생들이 눈앞에서 부처님을 뵈니

교화하여 성숙함이 한량이 없네.

부처님은 만 인류의 가장 위대하신 스승이시다. 그 위대함은 아무리 다 알려고 하여도 알 수가 없다. 그래서 불가사의하다고밖에 달리 표현할 수가 없다. 부처님 진리의 가르침은 온 세상에 광명으로 빛나고 있다. 중생들은 낱낱 가르침의 광명을 받아 교화 성숙되어 간다.

제 중 생 근 각 차 별　　　불 실 요 지 무 유 여
諸衆生根各差別을　　**佛悉了知無有餘**하시니

묘 엄 궁 전 주 성 신　　　입 차 법 문 심 경 열
妙嚴宮殿主城神이　　**入此法門心慶悅**이로다

중생들의 근기가 각각 달라도

부처님은 남김없이 다 아시니
묘엄궁전 주성신이
이 법문에 들어가서 기뻐하였네.

참으로 중생들의 근기와 수준은 각양각색이다. 보통 사람들은 함께 평생을 살아도 그 근기를 알 수가 없다. 부처님은 그 많고 많은 중생들과 그들의 각각 다른 근기를 다 아신다.

여래무량겁수행
如來無量劫修行에

호지왕석제불법
護持往昔諸佛法하사

의상승봉생환희
意常承奉生歡喜하시니

묘보성신오차문
妙寶城神悟此門이로다

여래가 한량없는 겁 동안 수행하여
지난날의 모든 부처님의 법을 보호하며
마음에 늘 받들어 섬기고 기뻐하시니
청정희보[妙寶] 주성신이 이 문을 깨달았네.

호법護法, 즉 부처님의 법을 받들어 보호한다는 일은 자신이 불법을 공부하는 일 못지않게 중요하다. 말세가 될수록 날로 정법은 쇠퇴하고 세속적 욕망에 허덕이는 불자가 많다. 심지어 선지식이라는 소리를 듣는 사람들까지 정법을 위해 살지 않고 명예와 이익을 위해 사는 모습은 참으로 염려된다. 진실로 불법을 깊이 공부하여 불법의 소중함을 깨닫고 불법을 받들어 보호하려는 운동이 크게 일어나야 할 것이다.

여래석이능제견　　　　일체중생제공포
如來昔已能除遣　　　**一切衆生諸恐怖**하고

이항어피기자비　　　　차이우신심오희
而恒於彼起慈悲하시니　**此離憂神心悟喜**로다

여래가 예전에 이미 일체 중생들의
모든 공포심을 능히 다 제거하고
그들에게 늘 자비심을 일으키시니
이것은 이우청정 주성신이 깨닫고 기뻐했네.

여래가 중생을 위해서 하시는 일은 여러 가지다. 일체 중생들의 공포심을 제거하고 따뜻한 자비심을 베푸는 것은 법을 베푸는 일 못지않게 중요한 일이다.

불 지 광 대 무 유 변
佛智廣大無有邊이라
비 여 허 공 불 가 량
譬如虛空不可量이어늘

화 목 성 신 사 오 열
華目城神思悟悅하야
능 학 여 래 지 묘 혜
能學如來之妙慧로다

부처님의 지혜 광대하여 끝이 없어
마치 허공처럼 한량없거늘
화등염안[華目] 주성신이 깨닫고 기뻐하여
여래의 묘한 지혜를 능히 잘 배우도다.

화등염안 주성신은 부처님의 지혜가 광대하여 마치 허공과 같이 한량없음을 깨닫고 기뻐하였다. 불법에 대해 깊은 이해와 믿음이 있어서 기쁨을 느끼게 되면 저절로 정성을 다해서 공부하게 된다. 사람은 누구나 자신의 소신에 따라 인생관이 정해지고 그 인생관에 따라 살게 되기 때문이다.

여래색상등중생　　　수기낙욕개영견
如來色相等衆生하사　**隨其樂欲皆令見**케하시니

염당명현심능오　　　습차방편생환희
焰幢明現心能悟하야　**習此方便生歡喜**로다

여래의 색상은 중생과 같아서

그 욕락을 따라서 다 보게 하시니

염당명현 주성신이 마음에 깨달아

이 방편을 익히고 기뻐하였네.

여래의 색상은 중생들이 마음에 좋아하는 모습과 같이 현신하였다. 여래는 이와 같이 오로지 중생을 위해 존재한다는 사실을 이 주성신은 깨닫고 기뻐하였다.

여래왕수중복해　　　청정광대무변제
如來往修衆福海하사대　**淸淨廣大無邊際**하시니

복덕당광어차문　　　관찰요오심흔경
福德幢光於此門에　**觀察了悟心欣慶**이로다

여래가 옛날 온갖 복덕의 바다를 닦으사

청정하고 광대하여 끝이 없으시니
성복위광[福德幢光] 주성신이 이 문에서
관찰하고 깨달아 마음에 기뻐했네.

세상 사람들이 가장 좋아하고 바라는 바가 복덕이다. 여래는 지난 옛날부터 복덕의 바다를 열심히 닦았다. 그래서 그 끝이 없다. 복덕은 닦아야 받을 수 있다. 닦지 않고 받는 법은 없다. 그 역시 연기의 이치며 인과의 원리다.

중생 우 미 제 유 중
衆生愚迷諸有中하야

여 세 생 맹 졸 무 도
如世生盲卒無覩어늘

불 위 이 익 홍 어 세
佛爲利益興於世하시니

청 정 광 신 입 차 문
淸淨光神入此門이로다

중생이 어리석어 온갖 세상에서
세간의 생맹生盲과 같아 끝내 볼 수 없거늘
부처님이 이익 주시려고 세간에 오시니
정광명신 주성신이 이 문에 들어갔네.

중생들의 삶이란 그야말로 태어나면서부터 맹인인 생맹과 같다. 생맹은 색깔에 대한 관념이 전혀 없다. 상상도 못한다. 중생들이 그와 같다고 한다면 부처님은 얼마나 애석하게 보실까. 그들을 깨우쳐 주려고 부처님이 이 세상에 출현하셨다.

여래 자재 무 유 변
如來自在無有邊이여

여 운 보 변 어 세 간
如雲普徧於世間하사

내 지 현 몽 영 조 복
乃至現夢令調伏하시니

차 시 향 당 소 관 견
此是香幢所觀見이로다

여래의 자재함이 그지없음이여
구름처럼 세간에 두루 하시고
꿈속에도 나타나 조복하시니
이것은 향당장엄 주성신이 본 것일세.

여래는 몸을 나타내는 현신이 자유자재하시다. 마치 장마철 구름이 온 세상을 가득 메우듯이 그렇게 세상에 현현하시고 심지어 사람들의 꿈속에까지 나타나서 조복하신다. 이처럼 여래는 온 세상 전체일 뿐만 아니라 사람들의 꿈에까지 현현하신다. 삼라만상 천지만물이 여래 아닌 것이 없다.

중 생 치 암 여 맹 고 　　　　종 종 장 개 소 전 부
衆生癡闇如盲瞽하야　　**種種障蓋所纏覆**어늘

불 광 조 철 보 령 개 　　　　여 시 보 봉 지 소 입
佛光照徹普令開하시니　**如是寶峰之所入**이로다

중생의 어리석음이 소경 같아서
갖가지 장애에 덮이었거늘
부처님이 광명 비춰 널리 열어 주시니
이것은 보봉광목 주성신이 들어간 바로다.

중생들의 어리석음을 맹인이 앞을 보지 못하는 것과 같다고 비유한다. 부처님이 깨달음을 성취하신 것은 35년간 맹인이었던 사람이 비로소 눈을 뜬 것과 같다고 하였다. 미혹한 사람과 깨달은 사람의 차이점을 이와 같이 비유하지만 그것이 정확한지는 또한 알 길이 없다. 다만 짐작할 뿐이다. 사람으로 태어나서 처음부터 눈이 어두워서 아무것도 볼 수

없다면 도대체 어떤 심정일까? 그러므로 우리는 눈을 떠야 하고 깨달아야 한다.

36. 도량신 대중들의 득법과 게송

1) 득법

부차정장엄당도량신은 득출현공양불광대
復次淨莊嚴幢道場神은 **得出現供養佛廣大**

장엄구서원력해탈문
莊嚴具誓願力解脫門하니라

다시 또 정장엄당淨莊嚴幢 도량신은 부처님께 공양하는 넓고 큰 장엄구莊嚴具를 나타내는 서원의 힘인 해탈문을 얻었습니다.

도량신道場神이란 사람과 모든 생명들이 사는 생활환경을 맡아서 관장하는 신이다. 도량이라는 말은 본래 부처님이나 보살들이 도道를 얻은 장소를 말하였다. 그래서 부처님께서 맨 처음 정각을 이루신 장소, 즉 부다가야를 보리도량이라 하였다. 그 뜻이 차츰 확대되어 도를 얻으려고 모여서 수행하는 장소인 사찰과 그 외에도 모든 수행자들이 모인 곳을 다 같이 이르기도 하였다. 그러나 화엄경의 안목으로 보면 처처가 보리도량 아닌 곳이 없고 사람마다 생명마다 수행자 아닌 이가 없기 때문에 전 시방세계가 모두 도량이다. 시방세계가 모두 도량이라면 처처가 모두 도량신이며 두두물물이 모두 도량신이다. 그러므로 도량신이 어찌 신이 아니며 보살이 아니며 부처님이 아니랴.

법을 얻은 내용에 "부처님께 공양하는 넓고 큰 장엄구 莊嚴具를 나타내는 서원의 힘"이라고 하였다. 부처님은 6년 간의 고행을 끝내고 부다가야라고 하는 곳, 큰 나무 밑 차디찬 바위 위에 잡초를 뜯어서 깔고 앉아 7일간 명상에 들었다. 그러고는 정각을 이루셨다. 그래서 그곳이 보리도량이 되었고, 그 나무는 보리수가 되었고, 그 바위는 금강보좌가 되었고, 그때 깔고 앉았던 풀은 길상초가 되었다. 이 모두가 부처님께 공양하는 큰 장엄구들이다.

수미보광도량신   득현일체중생전   성취
須彌寶光道場神은 **得現一切衆生前**하야 **成就**

광대보리행해탈문
廣大菩提行解脫門하니라

　수미보광須微寶光 도량신은 모든 중생 앞에 나타나서 광대한 보리행을 성취하는 해탈문을 얻었습니다.

　보리행이란 깨달음의 행이며 지혜와 자비의 행이다. 지혜와 자비의 행은 멀리서 찾는 것이 아니다. 일체 중생 앞에서 그 중생들을 부처님으로 이해하고 받들어 섬기는 것이다. 이것이 곧 광대한 보리행이다.

뇌음당상도량신   득수일체중생심소락
雷音幢相道場神은 **得隨一切衆生心所樂**하야

영견불어몽중   위설법해탈문
令見佛於夢中하야 **爲說法解脫門**하니라

　뇌음당상雷音幢相 도량신은 일체 중생의 마음에 즐기는 바를 따라서 꿈속에서도 부처님을 보게 하기 위해서 설법하는 해탈문을 얻었습니다.

불법을 전한다는 뜻에서 많은 설법을 하지만 경전의 내용과 같이 꿈속에서도 부처님을 보게 하기 위해서 설법을 하는 정성은 참으로 어려울 것이다. 그러나 보살은 불교가 좋고 불법이 좋으면 모든 사람들에게 꿈속에서도 부처님을 보고 불교를 공부할 수 있게 해야 할 것이다.

우 화 묘 안 도 량 신　　득 능 우 일 체 난 사 중 보 장
雨華妙眼道場神은 **得能雨一切難捨衆寶莊**
엄 구 해 탈 문
嚴具解脫門하니라

우화묘안雨華妙眼 도량신은 여러 가지 버리기 어려운 온갖 보배 장엄구를 비처럼 내리는 해탈문을 얻었습니다.

자신이 아끼는 것을 다른 사람에게 버리듯이 주기란 대단히 어렵다. 만약 버리듯 베풀 수만 있다면 그 공덕도 또한 무량하다. 그러므로 보살의 여섯 가지 덕목 가운데 제일은

보시다. 조계종의 소의경전인 금강경에서도 보시를 특별히 강조한다. 온갖 보배 장엄구들을 장마철 비가 퍼붓듯이 베풀고 나눌 수 있다면 그 공덕, 그 복덕은 무량 아승지리라.

淸淨焰形道場神은 得能現妙莊嚴道場하야 廣
청정염형도량신   득능현묘장엄도량   광
化衆生하야 令成熟解脫門하니라
화중생   영성숙해탈문

청정염형淸淨焰形 도량신은 아름답게 장엄된 도량을 나타내어 중생을 널리 교화하여 성숙케 하는 해탈문을 얻었습니다.

우리말에 견물생심見物生心이라는 말이 있다. 또 불교에는 상견중생相見衆生이라는 말도 있다. 모두가 사람은 먼저 형상을 보아야 그 형상에 따라 마음을 낸다는 뜻이다. 그래서 절마다 불상을 그렇게 많이 조성하여 모신다. 사람은 또 겉모양이지만 모양을 아름답게 하려고 신경을 쓴다. 사찰 도량도 잘 정돈되고 아름답게 가꾸어 놓으면 참배하는 사람의 마음도 달라진다. 일본의 사찰에 갈 때마다 깨끗하고 아름답게 정돈된 도량의 모습에 감동하는 것이 그 때문이다.

華纓垂髻道場神은 得隨根說法하야 令生正念
解脫門하니라

화영수계華纓垂髻 도량신은 근기를 따라 설법하여 바른 생각을 내게 하는 해탈문을 얻었습니다.

근기를 따라 방편 설법을 한다 하더라도 목적은 언제나 정법 구현에 두어야 한다. 정법 구현은 곧 바른 생각, 바른 견해다. 방편을 뛰어넘어 궁극에는 바른 견해를 갖도록 가르치는 것이 법을 전하는 사람의 의무이다.

雨寶莊嚴道場神은 得能以辯才로 普雨無邊

환희법해탈문
歡喜法解脫門하니라

　우보장엄雨寶莊嚴 도량신은 능히 변재로써 그지없는 환희의 법을 널리 비 내리는 해탈문을 얻었습니다.

　음성교체音聲敎體라는 말이 있다. 사바세계에서는 법을 전하는 데 가장 요긴한 것이 음성이 교화의 본체가 된다는 것이다. 그러므로 사람이 언어로써 설법하는 것인데 그러려면 변재가 좋아야 한다. 전달하려는 뜻을 잘 이해하고 스스로 그 뜻에 감동하여 마음과 정성이 듬뿍 담긴 음성으로 말해야 한다. 가능하면 표준어를 사용해야 하며 말이 촌스럽지 않아야 한다. 그리고 어렵지도 않아야 한다. 변재의 조건으로 이와 같은 여러 가지를 생각할 수 있다. 그래서 그지없는 환희의 법을 마치 장마철 폭우가 내리듯이 쏟아붓는 설법이야말로 명설법이리라.

　용맹향안도량신　득광칭찬제불공덕해탈
勇猛香眼道場神은 **得廣稱讚諸佛功德解脫**

門하니라

용맹향안勇猛香眼 도량신은 모든 부처님의 공덕을 널리 칭찬하는 해탈문을 얻었습니다.

부처님의 공덕을 널리 칭찬하는 것은 부처님의 가르침을 찬탄하는 일이며, 요의了義 대승경전을 널리 찬탄하는 것이며, 특히 이 화엄경을 깊이 알아 널리 찬탄하는 일이다.

金剛彩雲道場神은 **得示現無邊色相樹**로 **莊嚴道場解脫門**하니라

금강채운金剛彩雲 도량신은 그지없는 색상의 나무를 나타내어 도량을 장엄하는 해탈문을 얻었습니다.

그지없는 색상의 나무란 보리수나무며 깨달음의 나무다. 부처님이 처음 정각을 이루신 부다가야 보리도량의 보

리수나무를 그지없는 색상의 나무라고 하였다. 도량신으로서 당신의 도량에 서 있는 보리수를 드러내어 찬탄한 것이리라.

연화광명도량신　　득보리수하　　적연부동
蓮華光明道場神은 **得菩提樹下**에 **寂然不動**
　　　　　이충변시방해탈문
하고 **而充徧十方解脫門**하니라

　연화광명蓮華光明 도량신은 보리수나무 밑에서 고요히 움직이지 않은 채 시방에 두루 하는 해탈문을 얻었습니다.

　부처님께서 6년간의 고행을 끝내고 보리수나무 밑에서 7일간 고요히 앉아 바른 선정에 들어 있었지만 그 자리에 앉은 채 시방에 두루 하였다. 2천6백여 년이 지난 이 순간 이곳에도 두루 하신다. 시간을 초월하고 공간을 초월하여 언제나 어디에나 항상 계시는 존재가 여래이시다.

묘 광 조 요 도 량 신 　 득 현 시 여 래 종 종 력 해 탈
妙光照耀道場神은 **得顯示如來種種力解脫**

문
門하니라

묘광조요妙光照耀 도량신은 여래의 가지가지 힘을 나타내 보이는 해탈문을 얻었습니다.

여래에게는 열 가지 힘이 있다고 하였다. 열 가지 힘뿐이겠는가. 꽃이 피고 새가 우는 것도 여래의 힘이다. 봄이 가고 여름이 오고, 여름이 가고 가을이 오는 것도 모두 여래의 힘이다. 이 세상의 모든 움직임과 모든 작용이 다 여래의 힘이다.

2) 게송

이 시 　 정 장 엄 당 도 량 신 　 승 불 위 력 　 보 관
爾時에 **淨莊嚴幢道場神**이 **承佛威力**하사 **普觀**

일 체 도 량 신 중 　 이 설 송 언
一切道場神衆하고 **而說頌言**하사대

그때에 정장엄당淨莊嚴幢 도량신이 부처님의 위신력을 받들어 모든 도량신 대중들을 널리 관찰하고 게송으로 말하였습니다.

아념여래왕석시
我念如來往昔時에
어무량겁소수행
於無量劫所修行호니

제불출흥함공양
諸佛出興咸供養이라
고획여공대공덕
故獲如空大功德이로다

내가 생각하니 여래께서 지난 옛적에
한량없는 겁 동안 수행하시니
모든 부처님이 출현하시면 다 공양함이라.
그러므로 허공 같은 큰 공덕 얻었네.

여래가 옛적에 한량없는 겁 동안 수행하신 것은 다름이 아니라 모든 사람 모든 생명을 빠짐없이 부처님으로 이해하여 받들어 섬기고 공양 공경하신 일이다. 그래서 허공과 같은 큰 공덕을 얻으셨다.

불석수행무진시	무량찰토미진등
佛昔修行無盡施하사대	**無量刹土微塵等**하시니
수미광조보리신	억념선서심흔경
須彌光照菩提神이	**憶念善逝心欣慶**이로다

부처님이 옛적에 그지없는 보시를 닦으사

한량없는 세계의 티끌 수와 같게 하시니

수미광조 보리도량신이

선서善逝를 기억하고 마음에 기뻐했네.

보시는 불자가 반드시 실천해야 할 첫 번째 덕목이다. 그러므로 불교에서 가장 많이 가르치는 것이 보시다. 조계종의 소의경전인 금강경에서도 보시를 가장 우선으로 가르치고 있다. 부처님은 옛날에 실로 다함이 없는 보시를 행하셨다.

여래색상무유궁	변화주류일체찰
如來色相無有窮하사	**變化周流一切刹**하시며
내지몽중상시현	뇌당견차생환희
乃至夢中常示現하시니	**雷幢見此生歡喜**로다

여래의 색상은 다함이 없으사
그 변화가 모든 세계에 두루 하시며
꿈속까지 항상 나타나시어
뇌음당상 도량신이 이것을 보고 기뻐하였네.

여래는 천지만물 모든 것이다. 심지어 천지만물의 의식 세계까지도 여래의 색상이다. 만약 꿈을 꾼다면 그 꿈마저 여래의 색상이다.

석 행 사 행 무 량 겁
昔行捨行無量劫에

능 사 난 사 안 여 해
能捨難捨眼如海하시니

여 시 사 행 위 중 생
如是捨行爲衆生이여

차 묘 안 신 능 오 열
此妙眼神能悟悅이로다

옛적에 버리는 일을 한량없는 겁 동안 행하여
능히 버리기 어려운 것까지 버려 눈이 바다와 같으시니
이러한 버리는 일 모두 중생을 위함이라.
이것을 우화묘안 도량신이 깨닫고 기뻐했네.

버린다는 것은 무주상보시를 뜻한다. 보시를 하더라도 보살은 생색을 내거나 자랑을 하거나 자신이 보시한 것에 미련을 두어 집착을 하지 않는다. 그래서 버린다고 한다. 버리고 또 버려서 능히 버리기 어려운 것까지 버리면 그 안목은 마치 바다처럼 넓다. 보살은 중생을 위해 이와 같이 보시해야 한다.

무변색상보염운 현보리장변세간
無邊色相寶焰雲으로 **現菩提場徧世間**하시니
염형청정도량신 견불자재생환희
焰形淸淨道場神이 **見佛自在生歡喜**로다

그지없는 색상의 보석불꽃 구름으로
보리도량에 나타나서 세간에 두루 하시니
청정염형 도량신이
부처님의 자재하심을 보고 기뻐하였네.

그지없는 색상의 보석불꽃 구름이란 눈앞에 보이는 모든 현상들을 여래의 안목으로 긍정적으로 바라본 것이다. 화엄경 서두에 "부처님이 정각을 이루고 나니 그 땅은 견고하여 다이아몬드로 이루어졌더라."라는 표현이 있다. 그 원리와 같다. 또 보리도량에 나타나서 세간에 두루 하다고 한 것은 곧 여래의 정각에 근거하여 바라본 내용이다.

중생행해무유변
衆生行海無有邊이어늘   불보미륜우법우
佛普彌綸雨法雨하사대

수기근해제의혹
隨其根解除疑惑하시니   화영오차심환희
華纓悟此心歡喜로다

중생들의 행의 바다 끝이 없거늘
부처님이 가득하게 법의 비를 내리사
근기와 이해를 따라 의혹을 없애시니
화영수계 도량신이 이것을 깨닫고 마음에 기뻐하였네.

중생들이 신·구·의 삼업을 통해서 하는 일이란 그 끝이 없다. 그것이 모두 업이 된다. 그래서 업력난사業力難思議라고 하였다. 부처님은 그와 같은 사실을 다 아시고 근기를 따라 의혹을 제거하기 위하여 법의 비를 폭우가 내리듯이 내러 주신다.

> 무량법문차별의
> **無量法門差別義**에
> 변재대해개능입
> **辯才大海皆能入**하시니
>
> 우보엄구도량신
> **雨寶嚴具道場神**이
> 어심염념항여시
> **於心念念恒如是**로다

한량없는 법문의 차별한 이치에

큰 바다 같은 변재辯才로 다 들어가니

우보장엄 도량신이

마음에 순간순간 늘 이와 같도다.

존재의 실상인 법문은 광대무변하다. 그와 같은 광대무변한 존재의 실상을 설명하는 변재도 또한 광대무변하여 낱낱이 다 들어간다.

> 어불가설일체토
> **於不可說一切土**에
> 진세언사칭찬불
> **盡世言辭稱讚佛**이라

고 획 명 예 대 공 덕　　　　차 용 안 신 능 억 념
故獲名譽大功德하시니　**此勇眼神能憶念**이로다

말할 수 없이 많은 일체 국토에서
온갖 세상 말로 부처님을 칭찬하여
명예로운 큰 공덕 얻으시니
이것은 용맹향안 도량신이 능히 기억하였네.

우리나라 불교에서는 가장 먼저 배우는 경전이 천수경이다. 불자로서 기본이 된다는 뜻도 있지만 그만큼 중요하다는 뜻이 된다. 천수경의 첫마디가 정구업진언淨口業眞言이다. 구업을 깨끗하게 한다는 뜻이다. 무엇으로 구업을 깨끗하게 하는가? "수리수리 마하수리"다. 말을 길상하게 하고 복이 되게 하면 구업이 청정해진다는 뜻이다. 그렇다면 길상하게 하고 복되게 하는 말은 무엇인가? 모든 사람, 모든 생명을 부처님의 공덕으로 찬탄하는 말이다. "일체 국토에서 온갖 세상 말로 부처님을 칭찬하여 명예로운 큰 공덕 얻었다."라고 한 것은 곧 그 의미다. 그렇다. 남을 칭찬하고 찬탄하는 것보다 더 큰 공덕이 되는 것은 없다.

| 종종색상무변수 | 보현보리수왕하 |
| **種種色相無邊樹**를 | **普現菩提樹王下**하시니 |

| 금강채운오차문 | 항관도수생환희 |
| **金剛彩雲悟此門**하야 | **恒觀道樹生歡喜**로다 |

갖가지 색상의 그지없는 나무를
보리수나무 밑에 널리 나타내시니
금강채운 도량신이 이 문을 깨달아서
도수道樹를 항상 보며 기뻐하도다.

보리수나무는 세상에 존재하는 나무 중에서 가장 의미 있고 존중받는 나무다. 어떤 나라에서는 불상을 존경하듯이 보호하고 존경한다. "세상에 있는 모든 색상의 나무들이 부다가야 보리수나무 밑에 다 나타났다."라고 한 것은 부처님이 깨달음을 이룸으로부터 모든 존재가 그 빛을 발하고 그 의미를 갖게 되었다는 뜻이다.

| 시방변제불가득 | 불좌도량지역연 |
| **十方邊際不可得**이어늘 | **佛坐道場智亦然**하시니 |

연 화 보 광 정 신 심　　　입 차 해 탈 심 생 희
蓮華步光淨信心이　　**入此解脫深生喜**로다

시방세계 그 끝을 알 수 없으며
부처님 앉으신 도량과 지혜도 그러하거늘
연화광명 도량신의 깨끗한 신심이
이 해탈에 들어가서 기뻐하였네.

끝없는 시방세계와 끝없는 부처님의 도량과 끝없는 부처님의 지혜는 동일한 하나다. 이와 같은 이치를 이해하고 믿으려면 그 믿음 또한 그와 같아야 한다. 이와 같은 경지가 되면 얼마나 툭 트인 마음이 될까. 온갖 것이 다 사소하게 보일 것이며 개별적으로 존재하는 것은 없을 것이다. 우주와 하나가 되고 세포와도 하나가 된다. 모두가 화엄성중이다. 꽃으로 장엄한 성스러운 대중들이다.

도 량 일 체 출 묘 음　　　찬 불 난 사 청 정 력
道場一切出妙音하야　　**讚佛難思淸淨力**과

급 이 성 취 제 인 행　　　차 묘 광 신 능 청 수
及以成就諸因行하시니　**此妙光神能聽受**이로다

도량 곳곳에서 미묘한 소리를 내어
부처님의 생각하기 어려운 청정한 힘과
여러 가지 인행因行을 성취함을 칭찬하니
이것은 묘광조요 도량신이 능히 들었네.

　시방세계 모든 도량 곳곳에서 미묘한 소리를 내어 부처님을 찬탄한다. 물소리 바람 소리가 부처님의 불가사의한 청정한 힘을 찬탄한다. 사람 소리 자동차 소리가 부처님의 과거 인행을 닦은 내용들을 찬탄한다. 그래서 모든 사물 모든 사건 그대로가 화엄성중이다. 세상을 꽃으로 장엄한 성스러운 대중들이다.

37. 족행신 대중들의 득법과 게송

1) 득법

부차 보인수족행신 득보우중보   생광대
復次寶印手足行神은 **得普雨衆寶**하야 **生廣大**

환희해탈문
歡喜解脫門하니라

다시 또 보인수寶印手 족행신은 온갖 보배를 널리 비내려서 넓고 큰 환희를 내는 해탈문을 얻었습니다.

족행신足行神이란 발을 이용해서 걸어 다니고 움직이고 작용하는 행위를 맡아 관장하는 신이다. 사람과 모든 동물은 발을 이용하여 이동한다. 발이 없으면 식물처럼 한 곳에 있어야 하지만 발이 있으므로 걷기도 하고 날기도 한다. 발이 있는 중생들은 발이 없는 경우를 상상도 하지 못한다. 만약 발에 병고가 생겨서 움직일 수 없으면 불편하기가 이를 데 없다. 발을 이용해서 이동하는 일이 얼마나 중요한가. 수행자들 사이에서는 한 곳에 있지 않고 여러 곳을 돌아다니는 사람을 두고 "저 사람은 족행신이 들렸다."고 한다. 그러므로 발을 이용해서 행할 수 있는 이 작용은 그대로 신이며 보살이며 부처님이다. 화엄성중이다.

사람들은 보배를 좋아한다. 좋아하는 여러 가지 보배를 마치 장마철 하늘에서 내리는 비처럼 쏟아붓는다면 넓고 큰 환희가 넘쳐날 것이다.

연 화 광 족 행 신　　득 시 현 불 신　　좌 일 체 광 색
蓮華光足行神은 **得示現佛身**이 **坐一切光色**
연 화 좌　　영 견 자 환 희 해 탈 문
蓮華座하야 **令見者歡喜解脫門**하니라

연화광蓮華光 족행신은 부처님의 몸이 온갖 빛깔의 연꽃으로 된 자리에 앉아 있음을 나타내 보여서 보는 이에게 기쁘게 하는 해탈문을 얻었습니다.

불상을 조성할 때도 좌대座臺를 반드시 아름다운 연꽃이 둘러싸고 있는 모양으로 만든다. 모두가 화엄경에 근거한 불상 조성법이다. 세상에서 가장 위대하고 가장 존중받는 부처님을 이와 같이 아름답게 장엄함으로 보는 사람들이 모

두 환희하는 것이다. 또한 연꽃으로 불법의 진리를 표현하고 있기도 하다. 그래서 연꽃을 불교의 꽃이라고 한다. 연꽃은 꽃과 씨앗을 함께 가지고 있어서 꽃이 곧 열매다. 중생이 그대로 부처님이라는 것에 비유한다. 그리고 처염상정處染常淨이라고 하여 불법은 혼탁한 세상에 있으면서 항상 청정하고 아름다운 꽃을 피운다는 뜻을 나타낸다. 불법은 그래야 하고 불교인은 그래야 한다.

최승화계족행신 득일일심념중 건립일체
最勝華髻足行神은 **得一一心念中**에 **建立一切**
여래 중회도량해탈문
如來의 **衆會道場解脫門**하니라

최승화계最勝華髻 족행신은 낱낱 생각 중에 모든 여래의 대중이 모이는 도량을 건립하는 해탈문을 얻었습니다.

생각하는 것마다 화엄경과 화엄성중을 생각하듯이 낱낱 생각마다 부처님의 회상과 대중들이 모여 법문을 듣는 광경과 불법을 마음껏 펼칠 수 있는 도량을 건립하는 것을 생각하는 것은 보살의 마음이며 꿈이다. 다음(Daum)카페 '염화실'은 큰 사찰이나 포교당 못지않은 전법도량이다. 나아가서 문화재단이나 복지재단을 건립하여 보다 적극적이고 활발하게 바른 불법을 펴는 것은 대본산 몇 개에 해당하는 큰 전법도량이 되는 것이다. 이 족행신의 득법은 곧 필자가 꿈꾸는 내용 그대로이다.

> 섭제선견족행신 득거족발보 실조복무
> **攝諸善見足行神**은 **得擧足發步**에 **悉調伏無**
> 변중생해탈문
> **邊衆生解脫門**하니라

섭제선견攝諸善見 족행신은 발을 들어 걸음을 걸을 때 그지없는 중생을 다 조복하는 해탈문을 얻었습니다.

청량스님은 이렇게 부연하였다. "발을 들고 발을 내림에 해인삼매가 발휘하고 일체 사람 일체 생명들의 위의는 불사佛事 아닌 것이 없다."[4] 그렇다. 일체 사람 일체 생명들의 모든 움직임과 일체 행위가 그대로 불사며 해인삼매다.

묘보성당족행신　　　　득염념중　　　화현종종연
妙寶星幢足行神은 **得念念中**에 **化現種種蓮**

화망광명　　　　보우중보　　　출묘음성해탈문
華網光明하야 **普雨衆寶**하며 **出妙音聲解脫門**하니라

　묘보성당妙寶星幢 족행신은 생각 생각 가운데 갖가지 연꽃 그물 광명을 나타내서 온갖 보석을 널리 비 내리며 미묘한 음성을 내는 해탈문을 얻었습니다.

　화엄경을 깊이 이해하고 믿음이 충만하면 생각 생각 가운데 언제나 연꽃이 만발하여 밝은 광명이 발산한다. 그 광명에서는 온갖 보석들이 비가 쏟아지듯이 내리며, 그 보석들에서는 아름답고 미묘한 진리의 소리가 울려 퍼진다.

낙토묘음족행신　　　　득출생무변환희해해탈
樂吐妙音足行神은 **得出生無邊歡喜海解脫**

문
門하니라

---

4) 擧足下足海印發輝 諸有威儀無非佛事.

낙토묘음樂吐妙音 족행신은 그지없는 기쁨의 바다를 출생하는 해탈문을 얻었습니다.

청량스님은 이 내용의 설명을 "중생세계는 끝이 없는데 이것은 모두 부처님의 교화의 경계다. 중생들은 부처님을 친견하여 법문을 듣는 까닭에 환희가 충만하다."[5]라고 하였다. 그래서 그지없는 기쁨의 바다를 출생한다고 하였다.

전단수광족행신 득이향풍 보각일체도
栴檀樹光足行神은 得以香風으로 普覺一切道
량중회해탈문
場衆會解脫門하니라

전단수광栴檀樹光 족행신은 향기로운 바람으로 모든 도량 대중들을 널리 깨우치는 해탈문을 얻었습니다.

교화의 극치다. 이와 같이 가르치고 교화하고 제도할 수

---

5) 衆生無邊 是佛化境 見佛聞法 故生歡喜.

있다면 얼마나 좋을까. 사람들을 교화하고자 할 때 마음만 내면 어디서든 향기로운 바람이 불어와서 일체 도량 일체 대중들을 모두모두 깨닫게 하고 성숙하게 하는 방법이다. 어쩌면 지금 이곳에도 그렇게 향기로운 바람이 불어오고 있는데 어리석은 중생들이 깨닫지 못할 뿐이다.

     연화광명족행신   득일체모공   방광명
　　蓮華光明足行神은 得一切毛孔에 放光明하야
연미묘법음해탈문
演微妙法音解脫門하니라

연화광명蓮華光明 족행신은 일체 모공毛孔에서 광명을 놓아 미묘한 법음을 연설하는 해탈문을 얻었습니다.

부처님의 가르침은 곧 부처님의 낱낱 모공이다. 그 낱낱 모공인 가르침의 구절마다 지혜의 광명을 놓고 있다. 그 광명은 곧 부처님 설법의 미묘한 소리다.

微妙光明足行神은 得其身이 徧出種種光明網하야 普照耀解脫門하니라

미묘광명微妙光明 족행신은 그 몸에서 갖가지 광명그물을 두루 내어 널리 비추는 해탈문을 얻었습니다.

부처님의 몸이란 곧 가르침이며 지혜의 광명이다. 또 불법이며 불법의 가르침이다. 이와 같은 의미의 광명으로 세상을 두루 비춰서 낱낱 중생을 교화하고 제도하는 해탈문이다.

積集妙華足行神은 得開悟一切衆生하야 令生善根海解脫門하니라

적집묘화積集妙華 족행신은 모든 중생을 깨우쳐서 선근의 바다를 내게 하는 해탈문을 얻었습니다.

중생들을 깨우치고 교화한다는 것은 무엇을 말하는가.

일체 중생들에게 선근을 내게 하는 일이다. 선근을 낸다는 것은 보살의 열 가지 덕목을 열심히 닦는 일이다. 첫째, 정직하고 겸손하며 남을 배려하는 것이다. 둘째, 게으르지 말고 열심히 공부하여 학덕을 쌓는 것이다. 셋째, 모든 사람 모든 생명을 부처님으로 이해하여 항상 받들어 섬기고 공양 공경 찬탄 예배하는 것이다. 이것이 근본적인 선근이다.

2) 게송

이 시　　보 인 수 족 행 신　　승 불 위 력　　　보 관 일
爾時에 寶印手足行神이 承佛威力하사 普觀一

체 족 행 신 중　　이 설 송 언
切足行神衆하고 而說頌言하사대

그때에 보인수寶印手 족행신이 부처님의 위신력을 받들어 모든 족행신 대중들을 두루 살펴보고 게송으로 말하였습니다.

불 석 수 행 무 량 겁　　　공 양 일 체 제 여 래
佛昔修行無量劫에 供養一切諸如來하사대

심 항 경 열 불 피 염   희 문 심 대 유 여 해
心恒慶悅不疲厭하사   **喜門深大猶如海**로다

부처님이 옛적에 오랜 겁을 수행하여
일체 모든 여래께 공양 올리사
마음이 늘 기뻐 싫어하지 않았으니
그 기쁨 깊고 큼이 바다 같았네.

부처님이 과거에 수행하신 일은 일체 중생을 모두 부처님으로 이해하여 받들어 섬기면서 온갖 공양거리로 공양 올리는 일을 오래오래 하신 것이다. 아무리 오래 했어도 한 번도 싫어하지 않았고 항상 기쁨이 넘쳐 흘렀다. 그 기쁨이 깊고 넓음이 마치 바다와 같았다. 불법에 대하여 제대로 된 이해와 믿음이란 이와 같다.

염 념 신 통 불 가 량   화 현 연 화 종 종 향
念念神通不可量이라   **化現蓮華種種香**하사

불 좌 기 상 보 유 왕   홍 색 광 신 개 도 견
佛坐其上普遊往하시니   **紅色光神皆覩見**이로다

순간순간 내는 신통 헤아릴 수가 없고
화현한 연꽃에서 갖가지 향기를 풍기사
부처님이 그 위에 앉아 두루 노니시니
연화광[紅色光] 족행신이 다 보았네.

사람의 마음 부처님은 요술쟁이여서 순간순간마다 무수한 신통묘용을 다 낸다. 아름다운 연꽃을 화현하였는데 그 크기가 헤아릴 수 없고 그 향기는 미묘하기 이를 데 없다. 그 크고 큰 연꽃 위에는 부처님이 앉아 계시면서 시방세계 어디든지 두루 돌아다니며 노니신다. 족행신의 이름이 연꽃빛이다. 연꽃 위에 부처님이 계신다는 것은 연꽃이 곧 부처님의 가르침을 상징하기 때문이다.

제불여래법여시　　　　광대중회변시방
諸佛如來法如是하사　**廣大衆會徧十方**하시니

보현신통불가의　　　　최승화신실명촉
普現神通不可議라　　**最勝華神悉明矚**이로다

모든 부처님 여래의 법이 이와 같으시고

광대한 대중이 시방에 두루 하사
신통을 널리 나타냄이 부사의함이라.
최승화계 족행신이 다 밝게 보았네.

여래의 법이 이와 같다고 한 것은 눈에 보이는 사물이며, 귀에 들리는 소리며, 코로 맡는 향기며, 혀로 맛보는 맛이며, 몸으로 느끼는 감촉이며, 의식으로 아는 법을 말하는 것이다. 현상 그대로가 진리며 법이다. 하는 일마다 모두 법이며 진리다. 시방세계 모든 사람 모든 생명들이 다 그와 같다. 보고 듣고 맡고 느끼고 아는 신통이 참으로 불가사의하다.

시방국토일체처 어중거족약하족
十方國土一切處에 **於中擧足若下足**에

실능성취제군생 차선견신심오희
悉能成就諸群生하시니 **此善見神心悟喜**로다

시방 국토 모든 곳에서
발을 들거나 내리거나
모든 중생들을 다 능히 성취하나니

이것은 섭제선견 족행신이 마음에 깨닫고 기뻐하였네.

일반적인 불교에서는 중생들을 교화하고 제도한다고 하여 온갖 방법과 노력을 다 기울이고 있다. 그러나 화엄경의 중생 교화는 발을 들어도 중생 교화며 발을 내려도 중생 교화다. 어느 한 곳에서만 그런 것이 아니라 시방 모든 국토에서 다 그와 같이 한다. 실로 무엇이 중생 교화인가. 이미 그 모습 그대로 교화가 다 되어 있다. 부족한 것은 아무것도 없다. 모든 산천의 식물들은 물을 흡수하여 잎을 피우고 꽃을 피우며 열매를 맺을 줄 안다. 사람과 온갖 동물들은 배가 고프면 먹을 것을 찾을 줄 알고 목이 마르면 물을 마실 줄 안다. 피곤하면 잠을 잘 줄도 안다. 누가 있어서 이와 같이 교화를 잘도 하였는가.

여 중 생 수 보 현 신
如衆生數普現身이여

차 일 일 신 충 법 계
此一一身充法界하사

실 방 정 광 우 중 보
悉放淨光雨衆寶하시니

여 시 해 탈 성 당 입
如是解脫星幢入이로다

중생의 수와 같이 널리 몸을 나타내어
낱낱 몸으로 법계에 충만하사
청정한 광명 놓아 온갖 보배 쏟으시니
이러한 해탈에는 묘보성당 족행신이 들어갔도다.

여래는 중생의 수와 같이 몸을 나타내며 그 낱낱 몸이 법계에 충만하다. 마치 하나의 방 안에 천 개의 등불을 밝힐 때 하나를 켜도 그 빛은 방 안에 가득하고, 두 개를 켜도 그 빛은 방 안에 가득하고, 일천 개를 켜도 서로 방해하지 아니하며 역시 방 안에 그 빛이 가득한 것과 같다. 낱낱 몸은 곧 그대로가 청정한 광명이며, 광명마다 온갖 보배가 쏟아진다. 특별히 다른 보배가 쏟아지는 것이 아니라 현재 눈앞에 펼쳐진 현상 그대로 낱낱 몸이며, 광명이며, 보배다.

여래경계무변제
如來境界無邊際라

보우법우개충만
普雨法雨皆充滿하사

중회도불생환희
衆會覩佛生歡喜하니

차묘음성지소견
此妙音聲之所見이로다

여래의 경계가 끝이 없으며
법의 비를 두루 내려 다 충만하사
대중들이 부처님을 보고 기뻐하니
이것은 낙토묘음 족행신이 본 바로다.

끝없는 우주 법계가 모두 여래의 경계다. 또한 끝없는 우주법계에 충만한 이대로 법의 비를 두루 내리는 것이다. 법계에 존재하는 모든 존재는 역시 모두 법회의 대중들이며 여래의 경계다. 이와 같이 알면 그 누가 기뻐하지 않겠는가.

불음성량등허공 　　　　일체음성실재중
佛音聲量等虛空하사　　**一切音聲悉在中**이라

조복중생미불변　　　　여시전단능청수
調伏衆生靡不徧하시니　**如是栴檀能聽受**로다

부처님의 음성 그 양이 허공과 같으사
일체 음성이 모두 그 가운데 있음이라.
중생들을 두루 다 조복하시니
이와 같은 것은 전단수광 족행신이 잘 들었도다.

부처님은 몸만 허공과 같은 것이 아니라 법을 설하는 음성도 역시 허공과 같다. 그러므로 그 음성 속에는 세상의 일체 음성이 다 들어 있다. 그렇다면 세상의 일체 음성이 곧 부처님이 법을 설하는 음성이다. 법계의 모든 음성을 설법의 소리로 듣고 중생들을 다 조복한다.

일체모공출화음
一切毛孔出化音하사

천양삼세제불명
闡揚三世諸佛名하시니

문차음자개환희
聞此音者皆歡喜라

연화광신여시견
蓮華光神如是見이로다

일체 모공毛孔마다 중생 교화하는 소리를 내어
삼세 모든 부처님의 이름을 드날리시니
이 소리 듣는 이는 다 기뻐함이라.
연화광명 족행신이 이와 같이 보았네.

부처님의 모공마다 삼세 모든 부처님의 이름을 드날리는 소리를 내어 그것으로 중생을 교화한다. 부처님의 이름을 듣는 이는 모두 다 기뻐한다. "내 모양을 보는 이나 내 이름을 듣는 이는 보리마음 모두 낸다."는 발원문의 내용 그대로다. 이름만 들어도 교화를 받는 그와 같은 덕화를 쌓아야 하리라.

불신변현부사 의　　　　　보보색상유여해
佛身變現不思議여　　**步步色相猶如海**하사

수중생심실영견　　　　　차묘광명지소득
隨眾生心悉令見케하시니 **此妙光明之所得**이로다

부처님의 몸 변화하여 나타냄이 부사의하여
걸음걸음 그 색상이 바다 같으사
중생들의 마음 따라 다 보게 하시니
이것은 미묘광명 족행신이 얻은 것일세.

천지만물과 산천초목 두두물물을 낱낱이 자세히 관찰하면 참으로 불가사의하고 미묘하기 이를 데 없다. 모두가 부처님의 몸이 변화하여 나타난 모습이다. 걸음걸음 그 색상이 마치 바다와 같다. 중생들이 눈을 뜨고 바라보는 그 모든 모습들이 그대로 다른 것이 아닌 부처님의 몸이다.

시방보현대신통　　　　일체중생실개오
十方普現大神通하사　**一切衆生悉開悟**하시니

중묘화신어차법　　　　견이심생대환희
衆妙華神於此法에　　**見已心生大歡喜**로다

시방에 큰 신통을 널리 나타내사

일체 중생들을 다 깨우치시니

적집묘화 족행신이 이 법에서

보고 나서 마음에 크게 기뻐하였네.

　부처님의 신통이란 무엇일까? 봄이 가고 여름이 오는 것이 다 신통묘용이다. 비가 오고 날이 개는 일이 다 신통묘용이다. 일체 중생은 이와 같은 자연현상에서 깨닫고 마음에 기뻐해야 한다. 비록 인연의 일이지만 모든 이치와 모든 도리가 다 들어 있다.

38. 신중신 대중들의 득법과 게송

1) 득법

부차 정희경계신중신   득억불왕석서원해
復次淨喜境界身衆神은 **得憶佛往昔誓願海**
해 탈 문
解脫門하니라

 다시 또 정희경계淨喜境界 신중신은 부처님의 지난 옛적 서원의 바다를 기억하는 해탈문을 얻었습니다.

 신중신身衆神이란 몸이 여러 개인 신이라는 뜻이다. 무슨 신이든지 신이라면 그 몸이 하나뿐이겠는가. 또 다른 뜻은 하나의 몸이라 하더라도 모든 몸은 여러 가지 요소와 세포가 합하여 이루어진 것임에 틀림없다. 그러고 보면 세상 만물은 모두가 신중신이다. 실로 어떤 몸이든지 그 깊은 내용을 관찰하여 볼 때 신 아닌 것이 없다. 신을 넘어서 곧 보살이며 부처님이다. 부처님의 옛적 서원의 바다를 기억하는 해탈을 얻었다고 하였다. 신중신은 부처님과 처음부터 함께한 신이기 때문에 옛적의 일을 잘 기억할 수밖에 없다.

광 조 시 방 신 중 신　　득 광 명 보 조 무 변 세 계 해
光照十方身衆神은 **得光明普照無邊世界解**

탈 문
脫門하니라

　광조시방光照十方 신중신은 광명으로 그지없는 세계를 널리 비추는 해탈문을 얻었습니다.

　이름과 딱 맞는 득법이다. 광명으로 시방세계를 널리 비추는 이름과 법을 얻은 내용이다. 무슨 광명이 시방세계를 널리 비출까? 사람 광명이며 마음 광명이며 자신의 광명이다.

해 음 조 복 신 중 신　　득 대 음 보 각 일 체 중 생
海音調伏身衆神은 **得大音普覺一切衆生**하야

영 환 희 조 복 해 탈 문
令歡喜調伏解脫門하니라

　해음조복海音調伏 신중신은 큰 소리로 모든 중생을 널리 깨우쳐서 기쁘게 조복하는 해탈문을 얻었습니다.

중생을 깨우치는 큰 소리란 바르고 참된 이치를 설하는 부처님의 설법 소리다. 진리를 설하는 설법의 소리만이 사람을 기쁘게 조복할 수 있다. 그것이 때를 맞춰 들려오는 해조음과 같은 부처님의 설법 소리다. 그 해조음을 통해서 중생을 교화하고 조복한다.

정화엄계신중신은　득신여허공　　주변주해
淨華嚴髻身衆神은 **得身如虛空**하야 **周徧住解**
탈문
脫門하니라

정화엄계淨華嚴髻 신중신은 몸이 허공과 같아서 두루 머무는 해탈문을 얻었습니다.

몸이 허공과 같으면 허공 그대로가 몸이라는 뜻이다. 무슨 몸이 허공과 같은가? 진리의 몸이다. 진리는 우주에 변만하여 있다. 마음의 몸이다. 마음도 역시 우주에 변만하여 있다.

무량위의신중신　　득시일체중생제불경계
無量威儀身衆神은 **得示一切衆生諸佛境界**

해탈문
解脫門하니라

　무량위의無量威儀 신중신은 일체 중생에게 모든 부처님의 경계를 보여주는 해탈문을 얻었습니다.

　모든 부처님의 경계는 본래 중생들에게 보여주기 위한 것이다. 중생을 위해서 부처님이 계시고 성인이 계시고 보살과 조사와 선지식이 계시기 때문이다.

최승광엄신중신　　득영일체기핍중생　　색
最勝光嚴身衆神은 **得令一切飢乏衆生**으로 **色**

력만족해탈문
力滿足解脫門하니라

　최승광엄最勝光嚴 신중신은 모든 굶주린 중생에게 육신의 힘을 만족하게 하는 해탈문을 얻었습니다.

사람들은 흔히 마음이 우선이라고 하지만 보통 평범한 사람들에게는 육신이 곧 그 사람의 전부다. 세상에서 제일 값진 것은 건강이라고 하는 뜻도 그래서다. 모든 굶주린 중생에게 육신의 힘이 강해지고 충만해진다는 것은 모든 일을 도모할 수 있는 근본이 된다. 사람은 우선 건강해야 돈도 명예도 지식도 그 빛을 발휘하기 때문이다.

정광향운신중신
淨光香雲身衆神은 득제일체중생**得除一切衆生**의 번뇌구**煩惱垢**
해탈문
解脫門하니라

정광향운淨光香雲 신중신은 일체 중생의 번뇌의 때를 제거하는 해탈문을 얻었습니다.

번뇌란 무엇인가? 번뇌란 본래 공적하여 없다고 하였다. 다만 그 없다는 사실을 모르는 것을 가명 번뇌라고 한다. 모른다는 것은 지혜롭지 않다는 것이다. 예컨대 어둠이란 본래 없고 다만 밝지 않을 뿐인 것과 같다. 지혜가 드러나면 번뇌는 본래 없는 것이며, 밝음이 드러나면 어두움은 저절로 사라진다.

수 호 섭 지 신 중 신　　득 전 일 체 중 생　　우 치 마
守護攝持身衆神은 **得轉一切衆生**의 **愚癡魔**
업 해 탈 문
業解脫門하니라

　수호섭지_{守護攝持} 신중신은 모든 중생의 어리석은 마_魔의 업을 바꿔 버리는 해탈문을 얻었습니다.

　중생의 병 중에서 가장 나쁜 병은 남의 좋은 일에 배 아파서 방해하고 훼살을 부리는 버릇이다. 이것은 모두 어리석어서 하는 짓이다. 사람이 지혜롭고 현명하다면 남의 좋은 일을 기뻐하고 도와야 한다. 그렇지 못한 것은 모두가 마의 업 때문이다. 남의 좋은 일에 배 아파서 방해하고 훼살을 부리는 버릇은 곧 마의 업이다.

보현섭화신중신　득보어일체세주궁전중
普現攝化身衆神은 **得普於一切世主宮殿中**에

현시장엄상해탈문
顯示莊嚴相解脫門하니라

　보현섭화普現攝化 신중신은 온갖 세간 주인들의 궁전 속에 장엄한 모습을 나타내 보이는 해탈문을 얻었습니다.

　중국 무석無錫이라는 곳에는 불교의 성지가 있다. 영산대불이라는 곳이다. 높이가 88미터나 되는 큰 불상을 조성하여 모셨기 때문에 그렇게 부른다. 그 도량에는 대불뿐만 아니라 여러 가지 조형물과 건축물이 많은데 그중에서 범궁梵宮이라는 궁전이 있다. 이 시대에 존재하는 가장 훌륭하고 값진 건축자재들로 이루어져 있다. 빛나고 고급스럽고 화려하기가 말로는 이루 다 설명할 수가 없다. 일체 세간 주인들의 궁전 장엄을 그대로 표현한 것이다. 범궁이 아무리 그렇게 화려하고 아름답더라도 사람의 마음 궁전과 같겠는가.

부동광명신중신　　　득보섭일체중생　　개령
不動光明身衆神은 **得普攝一切衆生**하야 **皆令**

생청정선근해탈문
生淸淨善根解脫門하니라

　부동광명不動光明 신중신은 모든 중생들을 널리 거두어서 청정한 선근을 내게 하는 해탈문을 얻었습니다.

　불교가 사람들에게 가르치는 내용이 무엇인가? 모든 사람들을 거두어서 청정한 선근을 내게 하는 것이다. 청정한 선근에는 여러 가지가 있다. 먼저 자신을 위한 공부다. 바른 법을 자신을 위하여 공부 잘하고 그것을 또 다른 사람들에게 가르치는 일이다. 대승경전을 공부하고 그것을 다른 사람에게 가르치며, 6바라밀을 열심히 닦아 다른 사람들에게 모두 회향하는 일이 선근을 내는 일이다.

2) 게송

이시　　정희경계신중신　　　승불위력　　　보관
爾時에 **淨喜境界身衆神**이 **承佛威力**하사 **普觀**

일체신중신중　　이설송언
一切身衆神衆하고 **而說頌言**하사대

　그때에 정희경계淨喜境界 신중신이 부처님의 위신력을 받들어 모든 신중신 대중들을 두루 살펴보고 게송으로 말하였습니다.

아 억 수 미 진 겁 전　　　유 불 묘 광 출 흥 세
我憶須彌塵劫前에　　**有佛妙光出興世**어시늘

세 존 어 피 여 래 소　　　발 심 공 양 일 체 불
世尊於彼如來所에　　**發心供養一切佛**이로다

내 기억하니 수미산 미진수처럼 많은 겁 전에
묘광妙光 부처님이 세상에 출현할 때
세존이 그 여래의 처소에서
발심하여 여러 부처님께 공양 올렸네.

　신중신의 기억을 피력하였다. 석가세존께서 미진수처럼 많은 겁 전에 묘광이라는 부처님이 계실 때 불법에 발심하였다. 그 발심으로 인하여 묘광 부처님과 일체 부처님께 공양을 올렸다. 그래서 오늘날 석가세존이 되신 것이다. 일체 부처님께 공양을 올리신 일이란 모든 사람 모든 생명을 부처님으로 받들어 섬기며 공양 공경 존중 찬탄하는 일이다. 결국 공양이 수행이고 공양이 부처님의 행이다.

여래신방대광명
如來身放大光明이여

기광법계미불충
其光法界靡不充하사

중생우자심조복
衆生遇者心調伏하니

차조방신지소견
此照方神之所見이로다

여래의 몸으로 큰 광명을 놓아
그 광명이 법계에 충만하사
만나는 중생의 마음을 조복하니
이것은 광조시방 신중신이 본 바로다.

여래의 몸에서 놓는 큰 광명이란 깨달음에 의한 지혜의 가르침이다. 세상과 인생에 대한 진리의 가르침이다. 이 진리의 가르침을 깊이 공부하여 믿고 이해하는 일이 곧 광명을 받고 조복하는 것이다.

여래성진시방국　　　　　일체언음실원만
如來聲震十方國이여　　**一切言音悉圓滿**하사

보각군생무유여　　　　　조복문차심흔경
普覺群生無有餘하시니　**調伏聞此心欣慶**이로다

여래의 음성이 시방 국토에 진동하며

일체의 말이 모두 원만하사

중생들을 남김없이 널리 깨우치시니

해음조복 신중신이 이것을 듣고 마음에 기뻐했네.

　시방국토에 진동하는 여래의 음성이란 보리수나무 아래에서 정각을 성취하시고 최초로 설하신 이 화엄경의 설법 소리다. 화엄경의 설법은 일체의 내용이 모두 원만하여 낱낱이 모두 진리의 말씀이기 때문에 말씀이 원만하다고 하였다. 화엄경의 가르침은 말씀 말씀마다 모두 중생들을 남김없이 널리 깨우치신다. 그래서 신중신의 이름이 해조음海潮音이다. 바다의 물이 때를 맞춰 드나들면서 소리를 내듯이 중생들의 근기와 수준에 맞춰 법을 설하시기 때문이다.

불 신 청 정 항 적 멸　　　　보 현 중 색 무 제 상
佛身淸淨恒寂滅이여　　**普現衆色無諸相**하사

여 시 변 주 어 세 간　　　차 정 화 신 지 소 입
如是徧住於世間하시니　**此淨華神之所入**이로다

부처님의 몸 청정하고 항상 적멸하여
온갖 색을 나타내도 일체 형상 없으사
이와 같이 세간에 두루 머무시니
이것은 정화엄계 신중신이 들어간 바로다.

부처님의 몸은 텅 비고 적멸하다. 적멸한 본체를 바탕으로 삼아 온갖 색상을 다 나타낸다. 그러나 그 어떤 형상도 없는 것이 또한 부처님의 몸이다. 이와 같이 있으면서 없고 없으면서 있는 유와 무에 자재하신 중도적 몸으로 세상에 두루 하신다. 그러므로 부처님의 몸이 있음에 집착해도 안 되고, 없음에 치우쳐도 안 된다.

도 사 여 시 부 사 의　　　수 중 생 심 실 영 견
導師如是不思議어　　　**隨衆生心悉令見**하사대

혹 좌 혹 행 혹 시 주　　　무 량 위 의 소 오 문
或坐或行或時住하시니　**無量威儀所悟門**이로다

도사導師가 이처럼 부사의함이여
중생의 마음 따라 다 보게 하사
혹은 앉고 혹은 가고 혹은 머무시니
무량위의 신중신이 깨달은 문일세.

위의 게송과 뜻이 이어진다. 부처님은 그와 같이 불가사의하시다. 있으면서 없고 없으면서 있지만 중생들은 마음을 따라 다 보게 된다. 그러므로 행주좌와를 뜻대로 하신다. 그래서 한량없는 위의를 나타내는 신중신이다.

불 백 천 겁 난 봉 우　　　출 홍 이 익 능 자 재
佛百千劫難逢遇라　**出興利益能自在**하사

영 세 실 리 빈 궁 고　　　최 승 광 엄 입 사 처
令世悉離貧窮苦케하시니　**最勝光嚴入斯處**로다

부처님은 백천 겁에 만나기 어려운데
출현하여 이익 줌이 자재하시어

세간의 빈궁함을 다 여의게 하시니
최승광엄 신중신이 이곳에 들어갔네.

부처님이 세상에 출현하시기 어렵고 출현하셨더라도 부처님의 정법을 만나기는 또한 어렵다. 부처님은 중생들에게 이익을 주려고 백방으로 마음을 쓰시는데 그중에서 사람들의 빈궁함을 여의게 하려는 가르침이다. 빈궁함이나 부유함이나 모두 인과의 이치라는 사실을 깨닫게 하여 빈궁함을 면하게 하신다.

여래일일치상간
如來一一齒相間에
보방향등광염운
普放香燈光焰雲하사
멸제일체중생혹
滅除一切衆生惑하시니
이구운신여시견
離垢雲神如是見이로다

여래의 낱낱 치아 사이로
향 등불 광명 구름 널리 놓아서
모든 중생의 미혹을 소멸하시니
정광향운[離垢雲] 신중신이 이와 같이 보았네.

여래의 낱낱 치아 사이란 곧 설법을 뜻한다. 입을 통해 음성으로 설법함으로 치아 사이에서 광명을 놓는 것이라 한다. 광명을 놓는 진리의 가르침으로 일체 중생의 미혹을 소멸한다.

중생염혹위중장
衆生染惑爲重障하야
수축마경상유전
隨逐魔徑常流轉이어늘

여래개시해탈도
如來開示解脫道하시니
수호집지능오입
守護執持能悟入이로다

중생들의 번뇌 무거운 장애가 되어
마군들의 길을 따라 항상 유전하거늘
여래가 해탈의 길을 열어 보이시니
수호섭지 신중신이 깨달아 들어갔네.

번뇌가 곧 보리지만 번뇌가 보리라는 사실을 깨닫지 못하여 무거운 장애가 된다. 번뇌가 보리라는 사실을 깨달았다면 무슨 장애가 되겠는가. 중생은 번뇌가 장애가 되므로 마군의 길에 유전하고, 여래는 번뇌가 본래 없음을 열어 보이신다.

>아 관 여 래 자 재 력 　 광 포 법 계 실 충 만
>**我觀如來自在力**컨대 　**光布法界悉充滿**하사
>처 왕 궁 전 화 중 생 　 차 보 현 신 지 경 계
>**處王宮殿化衆生**하시니 **此普現神之境界**로다

내가 여래의 자재하신 힘을 보니
광명이 법계에 퍼져 가득하사
왕궁에 계시면서 중생 교화하시니
이것은 보현변화 신중신의 경계로다.

여래의 자재하신 힘이란 광명이며, 광명이란 진리의 가르침이다. 진리의 가르침이 널리 퍼져서 법계에 충만하다. 이것은 여래가 일생 동안 중생 교화를 위하여 활동하신 일이다. 그토록 왕성한 활동을 하였으나 아직 출가하시기 전에 계셨던 정반왕 궁전에 그대로 계신 상태이시다. 즉 본래의 자리를 떠나지 아니하고 출가하시어 고행하고 교화하신 것이다.

중생미망구중고　　　　불재기중상구호
　衆生迷妄具衆苦어늘　　**佛在其中常救護**하사

　　개령멸혹생희심　　　　부동광신소관견
　皆令滅惑生喜心케하시니 **不動光神所觀見**이로다

중생이 미혹과 망상으로 온갖 고통 받거늘
부처님이 그 속에서 항상 구호하사
번뇌는 소멸하고 기쁜 마음 나게 하시니
부동광명 신중신이 본 것일세.

　중생들이 고통을 받는 것은 그 원인이 모두 미혹과 망상에 있다. 왜 미혹한가? 어리석어서 그렇다. 그러므로 어리석음을 가장 경계하고 지혜를 닦아야 한다. 지혜를 닦는 구체적이며 가장 쉬운 방법은 경전과 어록을 열심히 읽는 일이다. 특히 대승경전을 수지 독송하는 것은 지혜를 닦는 데 가장 쉬운 일이다.

39. 집금강신 대중들의 득법과 게송

1) 득법

부 차 묘 색 나 라 연 집 금 강 신　　득 견 여 래　　시
復次妙色那羅延執金剛神은 **得見如來**의 **示**

현 무 변 색 상 신 해 탈 문
現無邊色相身解脫門하니라

다시 또 묘색나라연妙色那羅延 집금강신은 여래의 끝없는 색상을 나타내 보이는 몸을 친견하는 해탈문을 얻었습니다.

집금강신執金剛神은 금강수金剛手 또는 지금강持金剛, 금강역사라고도 한다. 금강저杵를 들고 부처님을 시중 들고 경호하는 약차藥叉 신의 총칭이다. 간다라에서 처음 등장하며 반라형半裸形이고 근육과 골격이 늠름한 모습으로 표현되며, 미투라에서는 연화수蓮花手와 함께 불상의 협시脇侍가 되는 예도 있다. 처음에는 갑옷을 입은 형상이었으나 뒤에 반라의 역사형力士形이 일반화되고, 두 신이 한 쌍이 되어 문 좌우에 서서 수호하는 경우가 많다. 후자가 소위 말하는 인왕仁王이

다. 또 밀교에서는 그 지위를 높여 금강살타 또는 금강보살이라 한다. 득법에 "여래의 끝없는 색상을 나타내 보이는 몸을 친견한다."고 한 것은 집금강신의 역할이다.

日輪速疾幢執金剛神은 得佛身一一一毛가 如
일륜속질당집금강신   득불신일일모   여

日輪하야 現種種光明雲解脫門하니라
일륜   현종종광명운해탈문

일륜속질당日輪速疾幢 집금강신은 부처님 몸의 낱낱 터럭마다 태양과 같은 갖가지 광명구름을 나타내는 해탈문을 얻었습니다.

부처님께서 정각을 이루시고 자신이 깨달으신 진리의 가르침을 온 천하에 널리 전파하는 일은 마치 부처님의 몸에서 내뿜는 광명과도 같다. 낱낱 터럭마다 태양빛과 같은 광명구름을 나타낸다. 부처님을 그리거나 조각을 할 때 반드시 광명이 발산하는 형상을 그리는 것은 모두 그와 같은 이치에서다.

수 미 화 광 집 금 강 신　　득 화 현 무 량 신 대 신 변
須彌華光執金剛神은 **得化現無量身大神變**

해 탈 문
解脫門하니라

　수미화광須彌華光 집금강신은 한량없는 몸으로 큰 신통변화를 나타내는 해탈문을 얻었습니다.

　부처님의 교화 능력은 곧 부처님의 몸이다. 이와 같은 부처님의 몸은 한량없는 신통 변화를 나타내어 시방세계 일체 중생을 다 교화하신다.

청 정 운 음 집 금 강 신　　득 무 변 수 류 음 해 탈 문
淸淨雲音執金剛神은 **得無邊隨類音解脫門**하니라

　청정운음淸淨雲音 집금강신은 그지없이 종류를 따르는 소리의 해탈문을 얻었습니다.

　부처님의 진리의 가르침은 모든 종류의 중생들과 모든 근기를 다 따라서 교화하신다. 그것을 그지없이 종류를 따

르는 소리라고 한다.

묘비천주집금강신 득현위일체세간주
妙臂天主執金剛神은 **得現爲一切世間主**하야

개오중생해탈문
開悟衆生解脫門하니라

묘비천주妙臂天主 집금강신은 모든 세간의 주인으로 나타나서 중생을 깨우치는 해탈문을 얻었습니다.

모든 존재, 모든 생명이 그대로가 세간의 주인이지만 또한 주인 중에 주인이 있다. 그것은 천자나, 왕이나, 임금이나, 대통령이나, 큰 재벌의 총수나, 사장이나, 시장이나, 도지사나, 총무원장이나, 본사 주지와 같은 지위를 가지고 있는 사람이다. 옛말에 "그 자리에 있으면 그 일을 한다."라고 하였다. 위와 같은 지위에 있으면서 불법을 전파하여 중생들을 깨우치는 일을 한다면 그 효과가 천만 배나 클 것이다. 그러므로 사람들이 높은 지위를 차지하려고 발버둥 치는 것이다.

가애락광명집금강신   득보개시일체불법
可愛樂光明執金剛神은 **得普開示一切佛法**

차별문   함진무유해탈문
差別門하야 **咸盡無遺解脫門**하니라

　가애락광명可愛樂光明 집금강신은 모든 부처님 법의 차별한 문을 널리 열어 보여서 남김없이 모두 다 교화하는 해탈문을 얻었습니다.

　다종 다양한 중생들을 모두 다 교화하려면 부처님의 법도 무한히 차별해야 한다. 그 모든 차별한 법의 문을 널리 열어 보여서 남김없이 중생을 다 교화한다. 어떤 사람이 "세상의 사람 숫자만큼이나 많은 종교가 있어도 좋다."라고 한 것도 그와 같은 뜻에서다. 차별한 근기에는 차별한 법문이 필요하기 때문이다.

대수뇌음집금강신   득이가애락장엄구
大樹雷音執金剛神은 **得以可愛樂莊嚴具**로

섭 일 체 수 신 해 탈 문
攝一切樹神解脫門하니라

　　대수뇌음大樹雷音 집금강신은 사랑스러운 장엄구로 일체 나무의 신을 거두는 해탈문을 얻었습니다.

　　화엄경에는 '가애락可愛樂'이라는 말이 자주 나온다. '사랑스러운'이라고 번역하였으나 마땅치는 않다. '마음에 드는' '보기 좋은' '애착이 가는' 등등으로 생각할 수 있으나 역시 원만하지는 않다. 이와 같은 장엄구로 일체 수신樹神들을 섭수한다는 것은 "어떤 나무든지 나무는 가장 자연스럽게 성장하여 그 모습 그대로가 아름다운 장엄거리이다."라고 이해하여야 할 것 같다.

　　　사 자 왕 광 명 집 금 강 신　　 득 여 래 광 대 복 장 엄
　　獅子王光明執金剛神은 **得如來廣大福莊嚴**

취　　개 구 족 명 료 해 탈 문
聚를 **皆具足明了解脫門**하니라

사자왕광명獅子王光明 집금강신은 여래의 광대한 복의 장엄 무더기를 모두 구족하게 밝게 아는 해탈문을 얻었습니다.

여래의 광대한 복의 장엄 무더기를 모두 다 알기란 매우 어렵다. "도가 같아야 가히 서로를 안다[同道可知]."라는 말이 있다. 여래의 광대한 복의 장엄 무더기를 알면 그는 곧 여래의 광대한 복과 같으리라.

밀염길상목집금강신   득보관찰험악중생
密焰吉祥目執金剛神은 **得普觀察險惡衆生**

심   위현위엄신해탈문
心하야 **爲現威嚴身解脫門**하니라

밀염길상목密焰吉祥目 집금강신은 험악한 중생의 마음을 널리 관찰해서 그들을 위해 위엄이 있는 몸을 나타내는 해탈문을 얻었습니다.

"동쪽에서 오면 동쪽으로 치고, 서쪽에서 오면 서쪽으로

친다."는 선어禪語가 있다. 험악한 중생에게는 그들을 조복하여 교화하기 위해서 반드시 방편으로 위엄이 있는 형상을 나타내어야 할 것이다. 관세음보살도 '혹자혹위或慈或威'라고 하여 혹은 자비로운 모습을 나타내기도 하고 혹은 위엄이 있는 모습을 나타내기도 한다고 하였다.

연 화 마 니 계 집 금 강 신　　득 보 우 일 체 보 살
蓮華摩尼髻執金剛神은 **得普雨一切菩薩**의

장 엄 구 마 니 계 해 탈 문
莊嚴具摩尼髻解脫門하니라

　연화마니계蓮華摩尼髻 집금강신은 일체 보살들의 장엄구인 마니상투를 널리 비 내리는 해탈문을 얻었습니다.

　보살들의 형상을 아름답게 꾸미는 장엄구들에는 여러 가지가 있지만 그중에서 마니보석으로 된 상투나 모자 등을 가장 아름답게 장엄한다. 옛날의 왕들도 머리에 쓰는 왕관을 화려한 보석으로 가장 아름답고 위엄이 넘치는 모습으로 장엄하였다. 그 사람의 모습을 보는 데는 얼굴과 머리 모습

에 가장 먼저 눈이 가기 때문이다.

2) 게송

爾時_에 妙色那羅延執金剛神_이 承佛威力_{하사}
普觀一切執金剛神衆_{하고} 而說頌言_{하사대}

그때에 묘색나라연_{妙色那羅延} 집금강신은 부처님의 위신력을 받들어 모든 집금강신 대중들을 널리 관찰하고 게송으로 말하였습니다.

汝應觀法王_{하라} 法王法如是_{시니}
色相無有邊_{하야} 普現於世間_{이로다}

그대는 응당 법왕을 보아라.
법왕의 법이 이와 같으시니

색상이 그지없어서
세간에 널리 나타났네.

모든 법을 듣는 대중들과 이 경전을 읽는 모든 독자들은 법왕을 잘 관찰하시라. 법왕의 법은 이와 같으니라. 여러분들의 눈앞에 펼쳐져 있는 우주 법계 천지만물 삼라만상이 세상에 끝없이 나타나 있느니라. 이 모습 그대로가 법왕의 법이니라. 이와 같이 보는 사람은 불법을 바르게 보는 것이고, 이와 다르게 불법을 보는 사람은 삿되게 보는 것이다.

　　불 신 일 일 모　　　　광 망 부 사 의
　　佛身一一毛에　　　　光網不思議라
　　비 여 정 일 륜　　　　보 조 시 방 국
　　譬如淨日輪이　　　　普照十方國이로다

부처님 몸의 털 하나하나에
광명의 그물 불가사의하여
마치 밝은 태양이
시방 국토를 널리 비추듯 하네.

부처님이 말씀하신 진리의 가르침은 구절구절마다 그 빛이 세상의 빛과는 비교할 수 없다. 마치 천 개의 태양이 한꺼번에 떠서 온 세상을 비추듯 눈이 부시다. 그러나 귀를 막고 진리의 가르침에 뜻을 두지 않는 사람은 마치 맹인과 같다.

여래 신 통 력
如來神通力이여

법 계 실 주 변
法界悉周徧하사

일 체 중 생 전
一切衆生前에

시 현 무 진 신
示現無盡身이로다

여래의 신통력이
법계에 두루 하사
모든 중생들 앞에
그지없는 몸을 나타내 보이시네.

불교라는 이름으로 세상에 나타내 보이는 분야는 이루 말할 수 없이 광범위하다. 음악과 예술과 조각과 미술과 정치와 상업과 교육과 도덕과 인륜 등 많고 많은 분야에 다 해당한다. 그러므로 일체 중생들 앞에 다 나타나서 그지없는 몸을 나타내 보이는 것이다.

여래설법음
如來說法音을

시방막불문
十方莫不聞이라

수제중생류
隨諸衆生類하야

실령심만족
悉令心滿足이로다

여래가 설법하시는 소리
시방에서 듣지 못하는 이가 없네.
모든 중생들의 종류를 따라
마음에 다 만족하게 하도다.

여래가 설법하는 소리란 어떤 소리인가? 새소리 바람소리, 냇물 흘러가는 소리, 자동차가 굴러가는 소리, 사람들이 떠드는 소리, 이 모두가 여래의 설법 소리이다. 인연을 따라 근기를 따라 다 듣고 만족한다.

중견모니존
衆見牟尼尊이

처세궁전중
處世宮殿中하사

보 위 제 중 생
普爲諸衆生하야   천 양 어 대 법
闡揚於大法이로다

대중들이 석가모니 세존을 보니
세상의 궁전에 계시면서
널리 모든 중생들을 위하사
큰 법을 드날리시네.

선문에 "미리도솔未離兜率에 이강왕궁已降王宮하시고 미출모태未出母胎에 도인이필度人已畢하셨다."라는 말이 있다. "도솔천을 떠나지 아니하고 이미 정반왕 궁전에 내려오셨으며, 모태에서 출생하기 전에 이미 사람들을 다 제도하였다."라는 뜻이다. 세존은 육신이 아니다. 그러므로 육신처럼 어떤 형체가 오고 가는 것이 아니다. 오고 가지 아니하면서 해야 할 일을 다 하시는 분이 세존이시다.

법 해 선 복 처
法海漩澓處에   일 체 차 별 의
一切差別義를

종종방편문　　　　　연설무궁진
種種方便門으로　　**演說無窮盡**이로다

법의 바다가 소용돌이치는 곳에
여러 가지 차별한 뜻을
가지가지 방편문으로
다함이 없이 연설하시네.

불교의 팔만대장경의 전반적인 것을 가만히 조망해 보면 경문의 내용과 같이 실로 법의 바다가 소용돌이치는 곳이다. 커다란 물결을 일렁이면서 혹은 높이 혹은 낮게 가지가지 차별한 뜻이 파도처럼 소용돌이친다. 바다에 있는 무수한 어류들은 파도에 몸을 맡긴 채 함께 따라 춤을 춘다. 이것은 끝도 없고 다함없는 부처님의 설법이다.

무변대방편　　　　　보응시방국
無邊大方便으로　　**普應十方國**하시니
우불정광명　　　　　실견여래신
遇佛淨光明하면　　**悉見如來身**이로다

그지없는 큰 방편으로
시방 국토에 널리 응하시니
부처님의 깨끗한 광명을 만나면
다 여래의 몸을 보네.

　부처님의 크나큰 방편은 시방국토 중생들에게 널리널리 응하여 진리의 청정광명으로 밝게 비춘다. 진리의 광명을 만나는 사람마다 여래를 본다.

공양 어 제 불　　　　억 찰 미 진 수
供養於諸佛을　　　　**億刹微塵數**하시니

공 덕 여 허 공　　　　일 체 소 첨 앙
功德如虛空하야　　　**一切所瞻仰**이로다

모든 부처님께 공양 올리는 일
억만 세계 티끌 수와 같이 하시니
그 공덕 허공과 같아서
모든 이가 다 우러러보네.

불교에서 말하는 가장 큰 공덕은 일체 중생을 부처님으로 분명하게 보아 그 모든 이에게 공양 공경하고 찬탄 예배하는 것이다. 그 공덕은 허공과 같아서 헤아릴 수 없다.

    신통력평등
    神通力平等하사　　　　　일체찰개현
　　　　　　　　　　　　　　一切刹皆現이라

    안좌묘도량
    安坐妙道場하야　　　　　보현중생전
　　　　　　　　　　　　　　普現衆生前이로다

신통의 힘 평등하사
모든 세계에 다 나타나네.
미묘한 도량에 편안히 앉아
중생들 앞에 널리 나타나도다.

부처님의 신통이란 곧 미묘한 진리의 가르침이다. 정각을 이루시고 중생을 위해 진리를 전파하셔서 일체 세계 일체 국토에 널리 나타내지만 미묘한 보리도량에 편히 앉아 계신 그대로이시다.

염운보조명	종종광원만
焰雲普照明하사	**種種光圓滿**하시니
법계무불급	시불소행처
法界無不及하야	**示佛所行處**로다

불꽃같은 구름 널리 밝게 비치어
가지가지 광명이 원만하니
법계에 골고루 다 미치어
부처님이 행하시는 곳을 보이네.

   화엄경을 자세히 읽어 보면 참으로 불꽃과 같은 구름광명이 널리 비치는 모습이다. 가지가지 광명이 모두 원만하다. 드넓은 법계에 골고루 다 이르고 부처님이 행하시는 일과 장소를 모두모두 보인다.

〈제4권 끝〉

華嚴經 構成表

分次	周次			內容	品數	會次
舉果勸樂生信分 (信)	所信因果周			如來依正	世主妙嚴品 第一 如來現相品 第二 普賢三昧品 第三 世界成就品 第四 華藏世界品 第五 毘盧遮那品 第六	初會
修因契果生解分 (解)	差別因果周	差別因		十信	如來名號品 第七 四聖諦品 第八 光明覺品 第九 菩薩問明品 第十 淨行品 第十一 賢首品 第十二	二會
				十住	昇須彌山頂品 第十三 須彌頂上偈讚品 第十四 十住品 第十五 梵行品 第十六 初發心功德品 第十七 明法品 第十八	三會
				十行	昇夜摩天宮品 第十九 夜摩天宮偈讚品 第二十 十行品 第二十一 十無盡藏品 第二十二	四會
				十迴向	昇兜率天宮品 第二十三 兜率宮中偈讚品 第二十四 十迴向品 第二十五	五會
				十地	十地品 第二十六	六會
				等覺	十定品 第二十七 十通品 第二十八 十忍品 第二十九 阿僧祇品 第三十 如來壽量品 第三十一 菩薩住處品 第三十二	七會
		差別果		妙覺	佛不思議法品 第三十三 如來十身相海品 第三十四 如來隨好光明功德品 第三十五	
	平等因果周	平等因			普賢行品 第三十六	
		平等果			如來出現品 第三十七	
托法進修成行分 (行)	成行因果周			二千行門	離世間品 第三十八	八會
依人證入成德分 (證)	證入因果周			證果法門	入法界品 第三十九	九會

(資料：文殊經典研究會)

會場	放光別	會主	入定別	說法別舉
菩提場	遮那放齒光眉間光	普賢菩薩為會主	入毘盧藏身三昧	如來依正法
普光明殿	世尊放兩足輪光	文殊菩薩為會主	此會不入定，信未入位故	十信法
忉利天宮	世尊放兩足指光	法慧菩薩為會主	入無量方便三昧	十住法門
夜摩天宮	如來放兩足趺光	功德林菩薩為會主	入菩薩善思惟三昧	十行法門
兜率天宮	如來放兩膝輪光	金剛幢菩薩為會主	入菩薩智光三昧	十迴向法門
他化天宮	如來放眉間毫相光	金剛藏菩薩為會主	入菩薩大智慧光明三昧	十地法門
再會普光明殿	如來放眉間口光	如來為會主	入剎那際三昧	等妙覺法門
三會普光明殿	此會佛不放光，表行依解法依解光故	普賢菩薩為會主	入佛華莊嚴三昧	二千行門
祇陀園林	放眉間白毫光	如來善友為會主	入獅子頻申三昧	果法門

如天 無比

1943년 영덕에서 출생하였다. 1958년 출가하여 덕흥사, 불국사, 범어사를 거쳐 1964년 해인사 강원을 졸업하고 동국역경연수원에서 수학하였다. 10여 년 선원생활을 하고 1976년 탄허스님에게 화엄경을 수학하고 전법, 이후 통도사 강주, 범어사 강주, 은해사 승가대학장, 대한불교조계종 교육원장, 동국역경원장, 동화사 한문불전승가대학원장 등을 역임하였다.

현재 부산 문수선원 문수경전연구회에서 150여 명의 스님과 250여 명의 재가 신도들에게 화엄경을 강의하고 있다. 또한 다음 카페 '염화실'(http://cafe.daum.net/yumhwasil)을 통해 '모든 사람을 부처님으로 받들어 섬김으로써 이 땅에 평화와 행복을 가져오게 한다.'는 인불사상(人佛思想)을 펼치고 있다.

저서로 『법화경 법문』, 『신금강경 강의』, 『직지 강설』(전2권), 『법화경 강의』(전2권), 『신심명 강의』, 『임제록 강설』, 『대승찬 강설』, 『유마경 강설』, 『당신은 부처님』, 『사람이 부처님이다』, 『이것이 간화선이다』, 『무비 스님과 함께하는 불교공부』, 『무비 스님의 증도가 강의』, 『일곱 번의 작별인사』, 무비 스님이 가려 뽑은 명구 100선 시리즈(전4권) 등이 있고 편찬하고 번역한 책으로 『화엄경(한글)』(전10권), 『화엄경(한문)』(전4권), 『금강경 오가해』 등이 있다.

대방광불화엄경 강설 제4권

| 초판 1쇄 발행_ 2014년 4월 7일
| 초판 4쇄 발행_ 2018년 6월 21일

| 지은이_ 여천 무비(如天 無比)
| 펴낸이_ 오세룡
| 편집_ 박성화 손미숙 정선경 이연희
| 기획_ 최은영
| 디자인_ 고혜정 김효선 장혜정
| 홍보 마케팅_ 이주하
| 펴낸곳_ 담앤북스
　　　　서울특별시 종로구 사직로8길 34 (내수동) 경희궁의 아침 3단지 926호
　　　　대표전화 02)765-1251 전송 02)764-1251 전자우편 damnbooks@hanmail.net
　　　　출판등록 제300-2011-115호
| ISBN　978-89-98946-19-7　04220

정가 14,000원

ⓒ 무비스님 2014